介護医療施設で
スタッフがスグに辞めない職場づくり57の秘策

後藤功太 著

セルバ出版

はじめに　今、介護医療業界では何が起きているのか

まず、本書を手に取っていただいたということは、介護医療業界に携わっている方かと思います。また、現状働くスタッフがスグに辞めてしまったり、辞めなくても職場環境があまり芳しくないなどといった問題があるのかと思います。

「どうして、うちの施設では色々な問題や悩みが次々と出てくるのだろう・・・」

それは、自身の施設だけが問題なのかと自問自答してしまいがちですが、決してそうとは言い切れません。なぜなら、全国の介護医療施設へ伺っていると、どこでも同じような問題や悩みを抱えながら仕事をしていることがわかったからです。

私は、現在「人材定着コンサルタント」という肩書のもと、介護医療に特化した支援活動をしております。他と違う点としては、元々介護現場を経験してきたということです。日本福祉大学を卒業後、訪問入浴・特別養護老人ホーム・デイサービス・ショートステイと、主に介護現場を中心に従事してきました。そこで経験してきたことと、「人の専門家」と言われている社会保険労務士の資格を取得したうえで、ふくしえん社労士事務所を開設。現在に至ります。

これまで毎年年間500名以上の経営者・施設長・理事長・経営幹部と直接お会いし、年間万単位のアンケートを継続して収集してきています。そこで、現場の実態や悩み事をヒヤリングしなが

ら、どういった改善策が必要なのかを常に考え、そして提供してきました。

そのなかで、現場の声を集めていると、8割以上が「人間関係における問題」が出てきます。例えば、こういった声が多いです。

「あのスタッフと合わないから、異動させてほしい」

「スグに辞めると言い出すから、部下を叱れない」

「経営幹部は、言っていることとやっていることが違う」

「上司に提案しても、色々と言ってくるのに現場を見てくれない」

「面倒なことを押し付けてくる」

「部下は、何回言っても理解してくれない」

それだけでなく、職場環境においては、給料や休暇などについても多くの声が出てきています。

例えば、

「給与が上がらない」

「やってもやらなくても給料は一緒」

「結局は、勤続年数と資格で決まる」

「周りの目が気になって有給が取りにくい」

「拘束時間が長く、身体的にも精神的にもきつい」

一方、経営幹部へヒヤリングをしていると、現場から言われてストレスが溜まってしまうことがあると聞きます。例えば、スタッフから、

「聞いていません」

「教わってないのでできません」

「それは私の仕事ではありません」

「あの人だってやっていません」

などです。いかがでしょう？　もしかしたら、「あっ、それ私のところでもよく聞きます」といったものもあったかもしれません。

人材定着の支援をしようと思った理由

世の中では、「働き方改革」が1つのキーワードになっています。時間外労働を削減し、賃金を上げていく。そのためには職場環境改善が必須となります。厚生労働省では、介護分野における生産性向上についてガイドラインを発表していますが、それだけ介護医療現場においても国が「働く環境を改善しなさい」といったメッセージが送られているのです。

今回のスグに辞めない職場づくりとは、「現場スタッフの言いなりになりましょう」であったり「経営幹部はとにかく我慢しなさい」といった取組みではありません。事業を運営するにあたって、当然売上も必要ですし、人件費も限られます。大事なのは、双方にとって働きやすい職場とはどういっ

た職場なのかを考え、実行していきながら修正していくことです。なぜなら、法人によって理念や方針、今後の方向性が違うため、必ずしも正解が1つとは限らないからです。

今回、スグに辞めない職場づくり秘訣をたくさん用意しました。それぞれつながりを持っていますが、すべてをいきなり取り入れてみるのではなく、まずは取りかかれそうなところ、意識改革ができそうなところをかいつまんでおくとよいです。

「それよりも人手不足だから、採用の仕方を教えてくれないか?」

こういったご相談もよく受けます。当然、人が集まらない限り、現場スタッフが疲弊して辞めていくといった悪循環が生まれてしまいます。ただ、大事なのは「働く環境を整備しながら人を集めていきましょう」ということです。つまり、「人が集まりさえすれば、人はスグに辞めない」といった考えではなく「働きやすい職場にすれば、その後に人が集まってもスグに辞めない」という考えです。

実際に、多くの介護医療施設を訪問してきたなかで、人材定着ができている施設の共通点を見つけました。それが「人がスグに辞めない職場づくりをしている」ことです。採用と環境整備を切り分けるのではなく、それぞれが繋がっていることを理解すると、今回お伝えする秘訣は「採用にも活かせる」という視点も持ち帰ることができます。

人手不足と言われている介護医療業界。ネット検索をすれば、この業界は「3K」だと書かれています。3Kとは、「きつい」「汚い」「給料が安い」ということ。これだけ言われているなかでも、働いているスタッフはいます。それはなぜなのか？　もしかしたら、そこに本書でお伝えしたい「スグに辞めない職場づくり」のヒントが隠されているのかもしれません。

アンケート結果で、介護医療業界で働きたいと思った主な理由に、「働きがいのある仕事だと思ったから」があります。私もその1人です。この業界に入ったのも、「人を大切にし、人のために働くことに魅力がある」と思い、それこそ小学校3年生のころから「将来は、介護スタッフになりたい」と抱き、今に至っています。

ただ、現状は働きがいのある仕事だと思って現在の仕事を選んだのに、色々な理由で辞めてしまうスタッフを多く見てきました。仕事自体は好きなのに、、、辞めるのはもったいないことです。こういった現状を改善するために、職場環境を整備する必要があります。

ただ、職場環境を整備するためには、様々な視点を持って取組みをしなくてはいけません。そこで、ここでは5つの視点でまとめていくことにします。

第1章では、コミュニケーション改善を通して、職場環境整備をしていく。「スタッフがスグに辞めない職場」への第一歩は、職場のコミュニケーション～職場コミュニケーションを活発化する秘訣について。

第2章では、採用戦略から定着に向けた取組み。スグに辞めない職場づくりは採用も大事！　よい人材を採用するには～スグに辞めない人材採用の秘訣について。

第3章では、現場の働き方を見直して、働きやすい職場をつくる秘訣。「働きやすさ」と「働き

「心地のよさ」はどう実現していくか～選ばれる職場づくりの秘訣について。

第4章では、評価を通してモチベーションを上げていく仕組みづくり。スタッフのモチベーションを上げる評価、指導法とは～スタッフが納得・満足する人事評価、部下指導の秘訣について。

第5章では、休みを通して心身ともに安定した職場をつくる。休業等を「取れない」、「取りづらい」などの職場環境改善の秘訣について。

それぞれの章では、ちょっとした工夫から全スタッフを巻き込んでいく仕組みづくりまでバリエーションを富んで解説しています。いずれも、私がこれまで多くの介護医療施設で聞いた「生の声」であったり、直接関わらせていただいた支援内容を基にしています。

介護医療に特化した、現場に合った改善内容としてぜひこれから読み進めていただき、行動に移せるよう準備をしていただければ幸いです。

2020年1月

後藤　功太

介護医療施設でスタッフがスグに辞めない職場づくり57の秘策　目次

第2章　スグに辞めない職場づくりは採用も大事！　よい人材を採用するには　～スグに辞めない人材採用の秘訣

第3章　「働きやすさ」と「働き心地のよさ」はどう実現していくか
～選ばれる職場づくりの秘訣

第４章　スタッフのモチベーションを上げる評価、指導法とは
～スタッフが納得・満足する人事評価、部下指導の秘訣

第5章　休業等を「取れない」、「取りづらい」などの職場環境改善の秘訣

第1章

「スタッフがスグに辞めない環境」への第一歩は、職場のコミュニケーション
～職場コミュニケーションを活発化する秘訣

■現場では人間関係構築が求められている

スタッフがスグに辞めない職場にするためには、離職理由を確認し、それを解消していくことが求められます。そこで、「公益財団法人 介護労働安定センター」が毎年、介護労働実態調査を公表している内容より読み取ってみましょう。そのなかに、「介護の仕事を辞めた理由は?」との問いに対する回答が出ているのですが、そのなかで最も多いのが「職場の人間関係に問題があったため」です。

介護の仕事を辞めた理由は

私自身も訪問入浴会社、特別養護老人ホームと介護現場を経験してきましたが、職場における人間関係が問題で苦しんできた1人です。特に、年上部下がいたときは、コミュニケーションの取り方に大変苦労をしてきた記憶があります。

ただ、人間関係に問題があるという一方、そうはいっても、「人間関係の何に悩んでいるのか?」を掘り下げていかないと、解消の糸口は見えてきません。

先ほどの介護労働安定センターの調査の続きになりますが、「職場での人間関係等についての悩み、不安、不満等」についても回答があります。そのなかで多かったのが

「部下の指導が難しい」

「自分と合わない上司や同僚がいる」

「ケアの方法等について意見交換が不十分である」

といったものです。

ここで1つ言えることとして、人間関係の構築をすることが、スタッフが辞めない職場づくりにおいて大事なポイントであること。そして、人間関係構築のための手段に、「職場間のコミュニケーションの改善」が挙げられます。

そこで第1章では、職場のコミュニケーションを活発化する秘訣を解説し、それによって人間関係を構築しスタッフがスグに辞めない職場づくりへつなげていく方法をお伝えしていきます。

理念に不満などない

ちなみにもう1つ、人間関係構築のポイントについて。介護労働実態調査での「介護の仕事を辞めた理由は？」の回答に、「法人や施設・事業所の理念や運営のあり方に不満があったため」が上位にありました。この言葉に、少し違和感があります。なぜかというと、運営のあり方ならともかく「理念」に不満があるとのことだからです。この、理念に不満があるとはどういうことか？　皆さんの法人の理念は何でしょうか？　振り返ってみて、その言葉自体に何か違和感はありますか？

きっと法人にある理念自体、何ら不思議なことは書いていないはずです。むしろ立派な理念がほとんどではないでしょうか。「ご利用者第一」「誠意」「親切」「チームワーク」など。おそらく、「顧客満足なんて二の次だ」「利益第一で取り組め」「スピードしか考えるな」などといった理念だったら別ですが、私は今までそういった理念を掲げている法人は見たことがありません。

では、「立派な理念を掲げているのに不満がある」というのはどういうことなのか。つまり、この場合スタッフは理念に対して不満などないのです。本来ある不満に対して、理念という言葉に言い換えているだけです。では、それは何なのか？

私は、「経営幹部」のことを言っていると思っています。「理念＝経営幹部」ということです。多くのスタッフは、理念をこと細かく確認しているわけではありません。施設全体を総合的に見ているわけではありません。施設・理念という大きな枠で見ているのではなくて「誰か」に焦点を当てて判断をしています。それが、経営幹部なのです。

施設のトップを見れば、それが施設・理念に結びつく、と感じているのです。実際に現場の声としてよく出てくるのが「幹部は、言っていることとやっていることが違う」「幹部は現場を見てくれない」などがあります。こういったギャップによって、「理念に不満がある」という表現になり、辞める原因につながっているわけです。

ただ、これを逆に言うこともできます。「経営幹部の行動1つで、施設・理念の見られ方は大きく変わっていく」。それだけ、経営幹部の行動は大きな意味を持っているのです。

以上のことから、コミュニケーションを図る上で、「仲良くなりましょう」という目的がすべてではありません。それだけでなく、「不安や不満を解消し、同じ方向を向くような職場づくり」といった目的を果たすためのコミュニケーションづくりをしていくことです。これから挙げていく内容は、ちょっとした工夫の積み重ねになりますが、１つでも多く取り入れていただくことが大事です。

■優しさを感じさせる信頼関係づくり

①　謝るのではなく、感謝

私たちが普段何気なく使っている言葉には大きな影響力があります。誰かの言葉に感動したり、誰かの言葉に傷ついたりと、言葉１つで相手に与える影響力は大きいです。

例えば、「ありがとう」という言葉。

「◎◎さん、忙しいところをわかっているうえでこの仕事をお願いしたいんだけど、時間あるかな？」

「ん～。何とか時間を取りますよ」

「そうか、それは助かる！　ありがとう！」

一見すると普通のやり取りですが、ついつい最後の言葉を「忙しいところ、ごめんね」にしてしまいがちです。特に介護医療現場では、何かをお願いして承諾を得たとき、ありがとうよりも先に「ごめんなさい」や「すいません」といった言葉が出てしまいます。相手にお願いをして承諾を得ると、貴重な時間を取らせてしまっているようで、どこか謝罪の念を感じますよね。そんなとき、不意に出る言葉は「ありがとう」よりも「ごめんなさい」や「すいません」なのかもしれません。

ただ、こういった場面でも相手に感謝の言葉を伝えるほうが効果的です。なぜなら、すいませんと言われるよりも、ありがとうと言われたほうが気持ちいいからです。他にも

・エレベーターで、先に入るのを譲ってくれたとき
・ご利用者の家族が、電話をかけ直してくれたとき
・移動介助をしているとき、他のスタッフがご利用者の落し物を拾ってくれたとき

こういったときも、「あっ、すいません」と言ってしまいがちですが、これは、いずれも「ありがとうございます」のほうが気持ちいいです。

とはいっても、日本人特有の考えでどうしても謝罪の言葉になってしまいますよね。そこで、改めて「すいません」と言っている場面を振り返ってみてください。実は多くの機会で「ありがとう」に変えられる場面が存在します。こういった、一言の違いでも意識してみること。それだけで、自分自身の表情や気持ちのゆとりも変わってくるのです。

ありがとうは、やる気の源泉

介護医療現場では「ありがとう＝やる気の源泉」とも言われています。

私は、年間500名以上のリーダー・施設長・理事長などの幹部スタッフと直接話し合いをしたり、年間万単位の現場スタッフの声をアンケート形式で収集したりしています。そこで、出てくる「やる気が出てくる場面とは？」といった質問に対して、ほとんどのケースで「感謝されたとき」との

回答をいただきます。これは、直接人と人が関わる介護医療現場だからこその傾向なのかもしれません。なぜなら、介護医療現場は、チームプレーがないと仕事が成り立たないからです。

スタッフ同士が連携を図る上で、お互いに感謝の心がなければ、よりよいサービスは提供できません。そのこともあって、スタッフからの感謝の言葉が「やる気の源泉」として成り立っていくのだと思います。

私自身、特別養護老人ホームや訪問入浴など、介護現場で従事してきた経験があります。介助業務をしていると、ついつい「相手のために」「よかれと思って」といった考えに陥ってしまいがちです。そういった考えを持っていると、相手がその通りの反応をしない、あるいは反発するような対応をされたとき、「何であなたのためにやっているのに、そういった対応をしてくるんだ！」と勝手にイライラしたり落ち込んだりしてしまいます。

ある日、そんなモヤモヤした心境の中、ふとご利用者からこんな言葉をいただきました。

「いつもありがとうね」

たった一言、その言葉をいただいただけでも、私は「この仕事をやってきてよかった」「また頑張ってみよう」という気持ちになったものです。

介護医療現場では、ご利用者に限らず、スタッフから感謝される、つまり「ありがとう」と言い合えることが喜びにもつながり、またお互いの信頼関係にも結び付いていくものなのです。また、ありがとうと言われるだけでなく、積極的に伝えることも大事になっていきます。

② 報連相を受けたあとは、「ありがとう」から始める

「スタッフから〝報・連・相〟を言われた後、あなたは何と返しますか？」

報・連・相とは「報告・連絡・相談」の略称であり、主にリーダーと部下の間で行われるやり取りです。報・連・相がきちんと実施されれば、問題の発生を未然に防ぎ、円滑に仕事を進められます。

そのため、チームで仕事をする介護医療現場においても報・連・相は大切です。報・連・相は、現場スタッフ同士のやり取りを円滑に進める、基本的なコミュニケーション手法の1つといえます。

さて、本題に戻ります。スタッフから報・連・相を言われた後、何と返せばいいのか。ここでもその答えとなるのは「感謝」です。報・連・相は当たり前と考えている方にとって、「感謝」を伝えることは忘れてしまいがちです。そもそも、人は慣れてしまう生き物なので、最初は感謝していても、いつの間にか当たり前になってしまいます。

ただ、それ自体は悪いことではありません。これからは報・連・相を当たり前だと思わず、「ありがとう」と感謝の言葉を伝えるように意識すればよいのです。

「了解です」ではなく「ありがとう」

「わかりました」ではなく「ありがとう」

「なるほど」ではなく「ありがとう」

その言葉だけでも、スタッフは「言ってよかった」と思ってくれます。また感謝の言葉は、相手の言葉を「受け止める」ことにもつながります。あなたの報・連・相を「しっかり聞きましたよ」

というサインともなるわけです。相手の報・連・相を当たり前だと思わず、してくれてありがとうという前提でいてください。そうすれば、次もしっかりと内容を伝えてくれることでしょう。

報連相に対する「お返し」

そもそも、報・連・相は、部下からリーダーへ一方的に内容を伝えるものではありません。実は、報連相には反対語があります。それは「命令・解除・援助」、つまり「命《めい》・解《かい》・援《えん》」です。

元々、報・連・相というのは軍隊用語の1つです。軍隊にとって、隊員からの情報は何よりも大切です。隊員から隊長へ、適切な報・連・相を行わなければ、作戦が失敗に終わるかもしれません。こうした状況下では、現代以上に報・連・相が大切になります。加えて、軍隊の隊長が部下の報・連・相を受けたら「命・解・援」で返してやる必要があります。

リーダーたるもの、部下の報・連・相を受けたら、次の「命令」を出す。そして、その命令を出した意味を「解説」し、それが成し遂げられるように「援助」することが重要です。

そもそも、報・連・相は部下がリーダーのためにするものではなく、リーダーからの命・解・援を引き出すために自分から行うものです。こうした教訓は、多くのリーダーが悩んでいる「部下が報・連・相してくれない」の解決策の1つになるのではないでしょうか。

大事なのはスタッフの報・連・相に対して、何か「お返し」をすることです。もしかしたら、悪い報告に対しては叱り飛ばし、自分が忙しいときは連絡を聞き流す、悩んだうえでの相談に対しては、アドバイスを与えることなく「頑張れ」と叱咤激励するといった対応なのかもしれません。

その結果、「報告したけど叱られた」「連絡したら無視された」「相談しても答えがなかった」となれば、そのうち部下からの報・連・相はなくなります。

コミュニケーションの基本はキャッチボールです。相手から報・連・相を受けたら、それをお返しする必要があります。

まずは「ありがとう」、そして命・解・援を行ってください。スタッフの報・連・相に対して、きちんと「お返し」できているか、もう一度見直してみましょう。

③「いい意味で」「だから」の組合せ

人は誰しも、自分に欠点や嫌いな部分を持っており、コンプレックスを抱えて生きています。特に、介護医療現場はたくさんのスタッフが働いているため、誰かと自分を比べてコンプレックスを抱えている人は多いです。

そこで、もし自分の欠点や嫌いな部分を魅力に変えることができたなら、仕事の仕方や考え方も随分と変わっていくことでしょう。そして、魅力に変えることができたスタッフは、仕事へのモチベーションが上がり、やりがいを持って仕事を進めていきます。

では、自分の欠点や嫌いな部分を魅力に変えるにはどうすればいいのか。今すぐ試して欲しいのが、自分の欠点や嫌いな部分に続けて「いい意味で」を加えてみることです。

ここに、新しい取り組みに対して失敗することを恐れ、なかなか踏み出せないスタッフのA君がいます。これまでA君は、「臆病だから、失敗したくない。だから、なかなかやる勇気が出ません」と言っていました。

ここで単に「気合いを入れろ！」「大丈夫。上手くいくから」と伝えたとしたら、ただの精神論で終わってしまうかもしれません。そこで、早速「いい意味で」を使ってみましょう。

この場合、「いい意味で」の使い方として、

「臆病だ」→『いい意味で』→「慎重」「ミスをしない」「堅実」

となります。

A君は臆病が自身の欠点だと捉えていましたが、「いい意味で」を使うことで、慎重・ミスをしない・堅実などといった長所を見つけることができました。こうなれば、臆病なことは悪いことだと思わず、自信を持って意見を言えるようになるでしょう。

また別の例として、会議の場でなかなか意見を言えないスタッフのB君がいます。これまでB君は「いい意見を言おうとしても思い浮かばない」と言っていました。この場合、「いい意味で」の使い方として、

「意見が言えない」→『いい意味で』→「柔軟」「仕事を断らない」「素直に受け止めて行動を変えられる」

となります。

B君は、「いい意味で」を使い、自分のネガティブな部分をポジティブに変換させたことで、結果自信を持って意見が言えるようになりました。

物事はとらえ方によってネガティブにもポジティブにもなります。コップに入った水を「あと少し」と悲観するか、「まだある」と楽観するかは本人次第です。

悩みも本質は同じです。悩みをネガティブに見れば「コンプレックス」、ポジティブに見れば「強み・持ち味」になります。コンプレックスは、ただ単に事実を「悪い意味」でとらえているだけの現象です。

「だから」の組合せ

さらに、「いい意味で」の効果を体感したいなら、『だから』と続けることをおすすめします。「だから」には、言葉をまとめる力があります。これまで、気づいていなかった自分の魅力をまとめ、仕事に結び付けることができます。

さきほどのA君の例でいうと、

「臆病だ」↓『いい意味で』↓「慎重」「ミスをしない」「堅実」↓『だから』↓「ミスなく堅実に仕事ができる」

となります。

一方、B君の例でいうと、

「意見が言えない」→『いい意味で』→「柔軟」「仕事を断らない」「素直に受け止めて行動を変えられる」→『だから』→「何事にも縛られずに柔軟に仕事ができる」となります。

このように、「いい意味で」と「だから」を組み合わせるだけで、自分では気づかなかった魅力に気づくことができるのです。この組合せは、部下にやり方を伝えて実践してもらうこともできますが、自分で変換したうえで本人に伝えるほうが効果的です。特に、人事面談や会議といった場面で、部下が自信を持っていなかったら、「いい意味で」と「だから」を伝えるチャンスと言えます。

先ほどの例を参考に、部下のコンプレックスを「いい意味で」と「だから」で変換し、本人に伝えてみてください。もし、その言葉がコンプレックスを乗り越えるきっかけとなったら、スタッフはありのままの自分でよいんだと勇気を持てることでしょう。

ベテランスタッフの信頼を築くコミュニケーション方法

幅広い世代のスタッフが一同になって働いているというのが、介護医療現場の特徴の１つです。その分なかには、いわゆる「ベテランスタッフ」が在籍しているところも多いでしょう。その際、スキルも知識もあるスタッフに対してコミュニケーションを取って働きやすい環境にするには、どういったコミュニケーションが有効なのか。

効果的なコミュニケーションの取り方の１つに、「尊重する」があります。内容は変わらずとも、「尊重しながら」伝えるかどうかで相手の捉え方は大きく変わっていきます。つまり、スキル・知識がある事実を認め、その上で日頃の相手の存在を尊重したうえで、コミュニケーションをとる、といった手順で指導するのです。

ちなみに尊重とは、敬うことだけではありません。例えば「◎◎さんの豊富なスキルには、いつも助けられています」といった言葉かけをすることです。回りくどいやり方に見えますが、一番大事なのは「相手に伝わり、納得させ、行動してもらう」ことです。

その過程には、それぞれの経緯や価値観があるので、それに合わせながら伝えていくことも必要な対応です。特に、リーダーとしてベテランスタッフといった年上部下に対するときは、上から目線で一方的な指導をしても、それが伝わりにくい、あるいは反発されることもありますので注意が必要です。

意見を伺う姿勢も効果的

また、「意見を伺う」姿勢を持ってコミュニケーションを図ることも効果的です。ベテランスタッフによっては、これまで築き上げてきた自身の経験が財産になります。それを生かすことで、相手に喜びや充実感を味わうこともできます。そのため、「どうやったら上手く介助することができるのか、教えてくれませんか?」と依頼し、指導方法のアドバイスをしてもらう環境づくりも必要です。教える環境づくりが、自分が役に立っているという「存在の意義」を与えることができるからです。

その際、単に教えてもらうことで終わるのではなく、「○○さんだからこそ、これだけの質の高い仕事ができるのですね」と伝えてみると効果的です。「～だからこそ」という表現は、他と比べているのではなく、相手に焦点を当てて伝えてくれています。それを好意的に捉えていることで、相手も嬉しい気持ちになるでしょう。

ちょっとした表現1つでも、ベテランスタッフと対等にコミュニケーションを取り、良好な関係づくりに繋がっていきますので、ぜひ活用してみましょう。

■説得せず、お願いする任せ方

④　最初は、部下の言い分を聞くことから始める

介護医療現場では、ご利用者だけでなく、そのご家族と関わりを持ちながらサービスを提供しています。そのため、ご利用者の家族から要望をいただくことも多いです。いただく要望の中身は、ご利用者のことを思ったもの、ただ自身の欲求からくるものなどがあります。さまざまなご意見を受け取る中で注意しなければいけないのが、要望の内容ではなくスタッフへの「接し方」です。

クレームを受け取ると、ついついスタッフの話を聞かず、「ご利用者第一だから、こうするべきだ」と押し付けるような指導をしてしまいがちです。これでは、当スタッフに完全に非があるように聞こえてしまいます。ただ、今一度考えてみると、わざと相手に不快な思いをさせようと働きかける

ようなスタッフはいません。介護医療現場では、本人は正しく接しているつもりでも、接し方によってはクレームをいただくことがあります。

相手のことを思った発言が、必ずしも伝わるとは限らないのが実状です。それを、一方的に詰めてしまうと、当スタッフも「自己否定」に陥り、やがて「働きにくい環境」だと思ってしまいます。また、ご利用者第一の精神が行き過ぎると、介護保険の枠から外れた過剰なサービスを提供してしまう可能性もあり、こちらも注意が必要です。

もちろん、「ご利用者第一に考える」も業務をする上で大切な考え方です。ただ、すべてを犠牲にして業務をすることが、必ずしも正しいとは限りません。こうしたケースで重要なのが、実際にご利用者や家族からどのような要望を受けたのか聞くことです。スタッフの言い分を聞くことから始めると、関係性が大きく変わっていきます。

スタッフに気持ちよく働いてもらうためには、トラブルがあったときでもまずは実態を本人に話してもらい、それをしっかりと聞くことから始めましょう。スタッフから言い分を聞くまでは、対策を練らず、アドバイスも送らないというスタンスが大事です。たったこれだけで働きやすい環境づくりができます。

しっかり聞いた後にアドバイスをする

ちなみに、クレームが来たときに、スタッフには何の責任もないというわけではありません。すべてを許してあげる姿勢を持つ必要はないです。クレームはクレームであり、どんな理由があったとしても、結果としてご意見が来たことに変わりありません。そこで、実態を聞いた後は、アドバイスを送るようなコミュニケーションづくりをしていきましょう。

また介護医療現場では、他職種のスタッフと連携を図る上でのトラブルもよく起きます。例えば、「ご利用者からの要望があったのに、何でやってくれなかったの？」「私がこっちのほうがいいから、あなたもその通りにやって」などと言われ、どうすればいいのかわからなくなってしまったスタッフがいたとします。こういった場合も、一様に「言われたことをやっておいて」「こうしたほうがいいよ」と相手を否定したりすぐにアドバイスしたりするのではなく、まずはスタッフの言い分を聞くことです。そこからアドバイスをしても遅くはありません。

人間関係において傾聴することは何よりも大切です。あなたが意見を話そうとしたとき、やみくもに遮られたら嫌な気分になりますよね。ただ、相手が真剣に話を聞いてくれたらどうでしょうか。自分の意見をしっかりと伝えることができたら、相手の意見も聞こうという姿勢ができます。これが円滑なコミュニケーションを実現するコツなのです。

⑤　「やっておいて」ではなく「やってほしい」

介護医療現場における日々の業務は、ご利用者に対する介助だけでなく、掃除や日報作成など多岐に渡ります。現場スタッフは、その１つひとつの業務を覚えて、日々の仕事をこなしています。

ただ、現場では毎日同じ業務が行われているわけではありません。タイミングによっては新たな仕事が発生します。こうした新しい仕事は、日々の業務とは違った流れを組むため、スタッフによっては微妙な反応をする方もいます。

現場スタッフにとって、新しい仕事は「新しいチャレンジ」でもあり、右も左もわからない状態です。そのため、任せ方を間違えてしまうと、スタッフだけでなく、ご利用者にも影響を与えてしまうかもしれません。また、新しい仕事により業務が増えると、ある程度慣れるまではご利用者と関わる時間が減ってしまいます。加えて、ご利用者からの要望を聞き、応えることが疎かになってしまえば、介助事故やクレームが発生することも考えられます。それにより、スタッフのモチベーションが下がってしまえば本末転倒です。

そこで、スタッフに新しい仕事を任せる際は、「やっておいて」ではなく、「やってほしい」というスタンスでコミュニケーションを取りましょう。まず「やっておいて」というのは、単に仕事内容を伝えて「あとはよろしく」といった姿勢でコミュニケーションを図ることです。これではどこか適当に感じてしまいます。こうなると、相手も勝手に優先順位を決めてしまい、「必要ないから」といって新しい仕事を後回しにしてしまいます。

そこで、「やってほしい」という姿勢が大事になりますが、ここも単に低姿勢でお願いするというわけではありません。まずは、その仕事自体の目的をしっかりと理解させることから始めてみましょう。人は納得しないと動かないものです。具体的には、「何で?」「どうして、それをしないといけないの？」と思うと、行動を起こさず立ち止まるか、拒否をし出します。ただし、別の言い方として、「何で？」「どうして、それをしないといけないの？」がわかると、目的を理解し、仕事のモチベーションが上がり、行動を起こすのです。

ネガティブな伝え方をしない

仕事の目的を理解し、納得することで行動を起こしてもらうためには、「ご利用者目線」が欠かせません。スタッフには、「ご利用者のために新しい仕事が必要なんだ」ということを伝えてください。

ただし、ここで注意しておきたいのが、「ネガティブな伝え方をしない」こと。例えば、「上から言われたんだから、何とかやってよね」「仕方ないことだから」「嫌かもしれないけど我慢して」などは、いずれもネガティブな表現になっています。こうした表現を使うと、仕事へ取り組む姿勢に影響を与えてしまい、満足する成果が出てこないかもしれません。

スタッフが新しい仕事の楽しみを見つけていないとしても、最低限ポジティブな表現を使って伝えてみましょう。例えば、「施設にとって◎◎なことに繋がるから」「スタッフにとって◎◎なメリットをもたらしてくれるから」「ご利用者にとって◎◎なことで、安心して生活できるようになるから」といったポジティブな伝え方は、間接的に「やってほしい」と伝えられます。

「やっておいて」ではなく「やってほしい」、ただこれだけでどのスタッフにも納得と行動をもたらす任せ方ができるのです。

⑥「とりあえず」は危険

酒好きの方でしたら、よく居酒屋に行くと「とりあえず、ビール」と言いますね。この「とりあえず」という言葉。モノではなく、ヒトに対して使うと危険です。特に、業務において仕事を任せたり、指示を与えたりする際には注意が必要です。

例えば、リーダーが部下に対して指示をするとき。「これから会議がある。とりあえず参加しておいて」「ご利用者が呼んでいる。とりあえず話を聞きに行ってきて」「新しいスタッフが入ってきた。とりあえず教育を任せるわ」

日頃の言動を振り返ってみると、意外とついつい言ってしまう言葉かもしれません。ただ言われた側としては、気分はどうかというとあまりよい気はしませんね。なぜなら、自分じゃなくても誰でもいいのかという印象を持たれてしまうからです。

当然かもしれませんが、「誰でもいいんだけど、やってくれない?」といったお願いをされても、「はい! 喜んで!」とは、返事しません。私なら、「誰でもいいんだったら、他の人にお願いしてください」と思ってしまいます。また、指示だけでなくスタッフからの質問に答える際にも「とりあえず」は控えるとよいでしょう。

私が、訪問入浴会社に勤めていたときのことです。何かと仕事において、それをやる理由があり、それによって次の展開や仕事の時間配分も変わっていきます。そのため、当時の上司に「これは、なぜやる必要があるのですか？」とよく質問をしていました。すると、「そんなことはいいから。とりあえずやっておけばいいよ」と返事がよく返ってきました。面倒くさがりな上司ではありましたが、理由もなくとりあえずやることに、私はモチベーションが上がってこなかったのは言うまでもありません。また、前述のように「上からの指示だから。とりあえずやっておくんだよ」という言い方も、仕方ないことだからという諦めに近い伝わり方になり、相手との信頼関係に傷をつけてしまう言葉かけになります。

名前を伝えお願いすること

　では「とりあえず」という言葉が、それだけスタッフによい印象を与えないのなら、どう伝えたらいいのか？　非常にシンプルですが、「○○さんにやって欲しい」このほうが嬉しいものです。名前を伝え、シンプルにお願いをする、ということです。とりあえずと伝えるのは上から目線だったり横柄な伝わり方になりがちです。そのため、名前を伝えることで、相手と同じ目線に立って伝えている効果があります。

　また、「とりあえず」には理由が曖昧になっているため使われる傾向があります。そのため、伝える前に予め理由を明確にしておくことで、「とりあえず」を使わずに済むこともあります。介護医療現場では、ご利用者ごとの介助や接し方が違うケースが多いです。そこには、ご利用者の要望やこれまでの流れがあって今に至っている「理由」があります。それを、しっかりと伝えたうえで指示する・任せるといった伝え方が大事です。

人を育て、良好な関係を築くときに、「とりあえずあなたにやって欲しい」と言われても、やる気になるスタッフはいないでしょう。だから、「とりあえず」を使っていたら一度見直し、名前を使いながらお願いをする言葉かけや、理由を含めた伝え方をするよう意識してみましょう。

⑦ 任せる＋フォローの組合せ

人は仕事を任せてもらえることで、そこにやりがいやモチベーションが上がっていきます。なぜなら、「仕事を任せてもらえる＝信頼されている」という感情を与えることができるからです。特に介護医療業界で働くスタッフには、「人のため」という精神が強い傾向があります。その「人のため」に役立っていると思うと、それだけモチベーションも上がっていくものです。

仕事を割り振る立場にとって、当スタッフにいかに仕事を任せるかが、相手との信頼関係に関わってきます。ただ、「任せる」のと「丸投げ」とを勘違いしているスタッフもなかにはいます。任せるとは、どういう状況なのか？

任せるには、フォローが含まれている

「スタッフにやってもらいたい仕事がある」↓「その仕事をお願いする」↓「スタッフがその仕

事をやる」という単純な流れではありません。「スタッフがその仕事をやる」のあとに「フォロー」が入っていきます。フォローなくして、任せるとは言えません。部下がその仕事をやる際には、しっかりと観察し、見守り、そして状況に合わせて声掛けやアドバイスをする。こういったフォローをしてこそ「任せる」というものです。

では、「フォロー」を入れない状態のことを何と言うのか？　それが「丸投げ」です。丸投げは、その仕事を部下に与えたら、あとは知らん顔をする。そこには「どんな状況なのか」今何をやっているのか」「今何に困っているのか」全くわかりません。これを「丸投げ」と言います。

文字だけ見ると、丸投げをするような人がいるのか？　と思われがちですが、今一度、スタッフへの仕事の振り方を思い出してみるとよいでしょう。

特に、リーダーにとっては、部下へ仕事を任せる場面が多いかと思います。自信を持って、部下に仕事を任せていると言えるか？　丸投げをしていないか？　部下にとって、任せてもらえるほどモチベーションが上がるものはありません。任せる前に一度立ち止まって、「どんなフォローができるか」考えたうえで伝えてみるとよいでしょう。

そのフォローの仕方には、「何か困っていることはないか？」と観察して困っていたら助けること。また、過去に自身が経験してきたことを踏まえて、「このタイミングでよく迷ってしまうな」「この業務はよくミスが起きてしまいがちなところだ」といった場面を予め想定して対応することも効果的です。そのために、「自分だったら、どんなフォローがあると嬉しいかな」と振り返ってみるのもよいです。

■部下をやさしく認める

⑧ 自分を見てくれているという印象を与える

誰かが関心を持ってくれる、見てくれるというのは、生きる上で大きな原動力です。例えば、スポーツ選手が会見を行う際、「ファンの皆様の応援が後押しになった」と言ったり、アーティストがライブを行う際、「ファンの応援があったからこの舞台に立てました」と言ったりします。こうしたケースから、自分を見てくれているという事実は、想像以上の力になることがわかります。つまり、「自分を見てくれている＝自分の行動や成果などに気づいてくれる」なのです。

介護医療現場でも、自分を見てくれているという印象を与えることが大切です。ただ、日頃から大きな変化があれば気づきやすいですが、毎日のようにスタッフが行動や成果を上げてくれるわけではありません。

この場合、おすすめするのは「変化を伝える」こと。いわゆる「ビフォー・アフター」という変化を見つけて、それを伝えていくことです。例えば、スタッフが髪を切ったことに気づいたとします。この場合、相手に伝えることは「あっ、髪切ったね」です。実は、これだけで効果があります。なぜなら、これまでの髪形を知っていなければ、「髪切ったね」とは言えませんよね。つまり、スタッフにとっては、「ビフォー・アフター」に気づいてくれた事実だけで、嬉しい気持ちになりますし、自分をしっかりと見てくれているという印象を与えます。他にも、これまでギリギリに出社するスタッフがいたとします。ある日、そんなスタッフが、10分前に来ていたことに気づきました。そのときに伝える言葉は「10分前に来たね」です。

評価をしない

これだけで効果がありますので、そこから評価をする必要はありません。評価というのは、先ほどの「髪を切った」という気づきに対して「似合っているかどうか」ということ、また「10分前に来た」という気づきに対して「早いかどうか」ということです。業務における評価は客観的な視点が入っていますが、業務以外の評価は主観的であることが多いです。

「似合っているかどうか」や「早いかどうか」は、主観的な評価といえます。つまり、業務以外の評価には、自分の価値観や都合が介在しています。これでは、人によって主観的な評価が変わるため、スタッフ同士の関係性が悪くなるかもしれません。「あの子には似合っているって言ったのに私は言われなかった」や「普段から10分前に来ているのに、20分前の人が褒められている」などトラブルが起こり得ます。

一方、変化を伝えることは、ありのままの事実を述べているだけです。評価という視点は入っていないので、「自分だけ」を見てくれているという印象を与えられます。これならトラブルは起きにくいですね。

日頃からスタッフの変化を察知するためには、何が必要かというと「観察」です。観察をしていないと、そもそも変化を見つけることなどできません。普段から、周りのスタッフがどういった行動を取っているのか、自身が仕事をしながらでも観察をしておくことで、些細な変化を見つけられます。この積み重ねから、「自分をしっかりと見てくれている」という印象を与え、お互いの関係性も良好になっていくのです。

⑨ スタッフへの返事は「なるほど」「そうなんだ」「確かに」

「愛情」の反意語は、「憎悪」ではない、「愛情」の反意語は、「無関心」である。

昔から、よく語られる「愛情」についての格言です。愛情や憎悪は、どんな形にせよ感情が動いていますが、無関心は感情が動いていません。ある意味では、憎悪よりも恐ろしい状態といえます。介護医療現場でスタッフとコミュニケーションを図る際も、相手に関心を持っているという姿勢が大事です。それは、返事1つでも同じです。例えば、「なるほど」「そうなんだ」「確かに」など、返事の仕方を変えてみることで、関心があると感じさせられます。

人は、関心を持っている相手には、気持ちよく話し始めるものです。これが、例えば「ふ〜ん」と無表情だったり、「うんうんうん」と淡々と同じ言葉を繰り返しされたりすると、無関心と捉えられる可能性があります。場合によっては、「話を早く切りたがっているのでは」と余計な思いを与えかねません。こうなると、良好なコミュニケーションを図ることは難しいでしょう。

一方、「なるほど」「そうなんだ」「確かに」といった返事は、相手の主張を受け止めている返事になります。介護医療現場においては、正解が1つとは限らず、ましてや相手が人となると、全く同じことでも異なる場合があります。こうした正解にこだわってしまうと、意見の食い違いにより、人間関係が悪くなってしまうので注意が必要です。

「それも一理あるね」

人は、自分と違う考えや価値観があると、ついつい「それは違う」と言ってしまいがちです。基本的に、完全に間違っている、またはやってはいけないことでない限り、一度は受け止める姿勢を持ちましょう。

ちなみに、先ほど紹介した「なるほど」「そうなんだ」「確かに」といった返事には、相手を受け止める「それも一理あるね」という言葉が添えられています。

「なるほど、（それも一理あるね）」

「そうなんだ（それも一理あるね）」

「確かに（それも一理あるね）」

といった感じです。

このように、「あなたの主張を受け止めましたよ」というサインによって、相手との良好なコミュニケーションが実現できます。また、一度受け止めることで、「本当に、それは一理あるかも」と、客観的な判断を可能にする効果もあります。

人は、言葉を発しながら自分の頭の中を整理していく生き物です。ネガティブな言葉を使えば、それだけ頭の中も否定的な考えになります。お互いのコミュニケーションをよくするためにも、スタッフへの返事は、「受け止める」ことを重視してみましょう。

⑩ 年上部下の場合、「さすが」ではなく「やっぱり」

介護医療施設では、他業種に比べて「年上部下」の割合が多いです。その理由として、経験値だけでリーダーという資質が培われるわけではないことや、年齢に関係なく働けるのであれば長く働いてもらいたいといった施設の要望など、介護医療現場特有の背景があります。

私が勤務していた介護施設では、77歳のスタッフもいらっしゃいました。また、高卒スタッフもいましたのでその差は59歳。その中でどういったコミュニケーションを取ればいいのか、悩まれる方をよく目にします。そんな悩みを解決する方法が「教えてもらった後の言葉かけ」です。

年上部下の場合、ついつい「さすが」という言葉を使ってしまいます。「さすが、○○さん。すごいですね」と褒め称えるような伝え方になりますが、少し大げさに聞こえたり、違和感を与えたりする可能性があります。人は、大げさに聞こえると「他の人にも同じようなことを言っているのではないか」「何か裏の目的でもあるのでは」と余計なことを考える生き物です。難しいものですね。

そこで、よりよいコミュニケーションを図るためにも、「さすが」ではなく「やっぱり」と伝えてみましょう。この場合、「やっぱり○○さんに聞いてみてよかったです」というような伝え方になります。これは、改めて聞いてよかった、改めてあなたとコミュニケーションを取れてよかった、といった思いが含まれるので、言われた側は気持ちのいいものです。

多くの人は、「誰かの役に立ちたい」といった感覚を無意識に持っています。特に介護医療現場で働くスタッフは、「人のため」という精神が一段と強い傾向があります。こうした精神を刺激するためにも、「さすが」ではなく「やっぱり」と伝え、円滑なコミュニケーションを実現しましょう。

⑪　成長に応じて認め方を変える

介護医療現場には、年齢も違えば、経験年数も違うスタッフがいます。同じ経験年数でも、先輩スタッフからの教わり方によって、成長スピードが異なるのは当然です。こうした場合、スタッフごとの認め方も変わってきます。

例えば、新人スタッフに対しては、初歩的なことを認めてあげましょう。「初めて夜勤を1人でこなすことができた」「初めて1人でサービス担当者会議に参加し、ご利用者の状況を説明することができた」などに対して、事実を伝え認めることが重要です。また、すでに業務ができているスタッフに対しては、さらにもう一歩踏み込んで、やっていることやできていることについて認めましょう。

例えば、「他のスタッフが、効率よく業務ができるようなシステムを構築することができた」「ご利用者家族からのクレームに対して、誠実に対応したことで逆に感謝してくれていた」などに対して、事実を伝え認めることです。

いずれも、成長や経験に応じて認め方を変えています。そうすることで、成長に対する事実を見てくれている、認めてくれているという印象を与え、スタッフの承認欲求は満たされていくことでしょう。

まずは、当たり前のことでも認めること

また、よりよい環境をつくるなら、「当たり前にできたことも認めてあげること」が大切です。この方法は、ベテランスタッフに対して効果的です。というのも、成長に応じて認め方を変えると、ベテランスタッフに対して褒める点が少なくなってしまいます。

「これは○○さんにとっては当たり前の行動だから、別に認める必要はないかも」と思えば、認めなくなりますよね。ただ、当たり前のことを認めてもらいたいスタッフの存在を忘れてはいけません。当たり前のことを当たり前のようにできることも、立派な認めるポイントになります。その欲求が満たされないことで、「もっと自分を見てくれるところに行きたい」と離職の原因につながる可能性もあります。

実際に、あるデイサービスの施設長より、現場スタッフから「どんな小さなことでも認めてくれたことが何よりうれしかったです。だから、もっとその行動をしていこう、当たり前でもやってい

こう、という気持ちになりました」という感想をいただいた報告を受けました。

新人スタッフばかりに目を向けがちですが、大事なのはどのスタッフにも目を向けて認めることです。そうすれば、承認が溢れる職場となり、働きやすい環境につながっていきます。まずは、全員に対して公平に認めつつ、相手の反応によっては認め方を変えていきましょう。

■人間関係を構築する聞き方、叱り方

⑫　関係性構築のための聞き方

人は誰かに、自分の考えていることや感じていることを存分に話すことで、頭の中が整理されていきます。そのためには、「聞く」ことは欠かせません。相手の話をしっかり聞くことにより、相手に安心感を与え、存分に話させることで、相手の頭の中を整理するのを助けていきます。

また、相手は自分で自分の言葉を自分の耳で聞くことにより、気づきが生まれます。となれば、聞くことはスタッフ同士の関係性構築においては必要不可欠なスキルなのです。では、介護医療現場においてその聞くためのポイントは何なのか。

そもそも、聞くためには相手の話に心を集中して聞くことが大切です。そのためには、相手の話の内容に心からの関心・興味を示し、意味を深く理解しながら聞くようにすることが大切です。そして、何より同方向思考でいること。相手とは利害が一致し、心の中では同じ方向を向くこと。例

えるなら、相手と同じベンチに座り、同じ景色を見ているような感覚を持ちながら聞くようなイメージです。

ここまでですと、何だか難しいスキルであったり、一から勉強しなければいけないように感じますが、介護医療現場では仕事柄聞くスキルは随所で使っています。代表的なのは、ご利用者のケアプラン作成。ケアプランを作成するためには、ご利用者のことを根掘り葉掘り聞く必要があります。更に、ご利用者が何を求めているのか、望んでいるのかを聞くために、寄り添い同じ方向を向いているように聞いているはずです。そのため、現場スタッフには既に身についている方もいるでしょう。それを、今度はスタッフに向けて実践していくのです。

先入観は持たないこと

ただ、その聞くスキルを使う際に気をつけていただきたいことがあります。まずは聞く際は、先入観を持たないこと。自分勝手な解釈はしないで、心をニュートラルにして聞くことです。これは、ついつい犯してしまいがちなのですが、「この人はこう思っているに違いない」「あの人は〇〇だったから、××に違いない」という考えのもと聞いてしまいます。

例えば、以前にミスを犯したスタッフに対して、別の仕事を任せるときに「このスタッフは以前にミスを犯したから、今度もミスをするに違いない」と勝手に決めつけてしまう。こうなると、視点が傾き、最後まで聞かずに批判や判断を加えて畳みかけてしまう傾向があります。

こうなれば、相手は本音を言わずに建前やきれいごとしか言わなくなってしまうかもしれません。単純そうで難しいのですが、相手の言葉だけにとらわれず、相手が本心で話せる雰囲気をつくることも聞くスキルに含まれていきます。

私自身、介護現場にいたころは聞くスキルを徹底していました。年上部下の多い部署に配属され、リーダーとしてまとめる立場になった際、当時は間違って「上から目線の指導」をしていました。当然、通用するはずがなく、結果バカにされ、無視され、暴言を吐かれる始末。自分のスキルや知識のなさに落ち込む毎日でした。そのなかで、「今の自分にできることは何か？」を考えた結果、決して介助スキルが高かったわけではないなか、「聞く」ことはできるかも、と思い徹底的に聞くことに集中したわけです。そのおかげで、徐々にスタッフとの距離は縮まってきたのですが、それを実感したあるベテランスタッフの言葉がありました。

「後藤さん、あなたは決して介助スキルが高いわけでも、リーダーシップを発揮できるようなスキルを持っていません。ただ、後藤さんはどんなときでも我々の話を聞いてくれます。だから、後藤さんについていこうと思うのですよ」。

この言葉を聞いたときに、自分のやってきたことは間違っていなかったと思いました。

聞くことは、単に聞けばいいわけではありません。ただ、聞くことがスタッフのモチベーションを上げて、お互いの関係性を高める効果があります。また、スタッフだけでなくご利用者との話を聞くことは、認知症予防にも活かされます。人は、話をすることで頭が整理されていくわけで、１

人でいるとそれだけ「話す機会」がありません。

極端かもしれませんが、話す機会が少なくなればそれだけ頭を使う機会が少なくなり、それが認知症を悪化させてしまう原因ともいわれています。それがすべてではありませんが、ご利用者の話を聞くことも、今後大事にしていくことも覚えておきましょう。

⑬　スグに辞めない叱り方

恐らく、コミュニケーションにおける問題で特にリーダーの多くが抱えている悩みに「叱れない」があるのではないでしょうか。実際に、リーダー研修をさせていただくことが多いのですが、受講者にヒヤリングをさせていただくと、決まって「叱れない」といった言葉が頻繁に出てきます。叱ることで「じゃあ、辞めます」と言われたらどうしよう、と思うのが叱ることを躊躇してしまう原因の1つだと考えられます。

ただ、実際には叱られる立場（？）として多い新人スタッフはどう思っているのか。これは、新人スタッフが陥る問題から読み解くことができます。新人スタッフは、やる業務が初めてづくし。そのため、自身の行動がよかったのかどうかが判断しにくいのです。叱るという定義を理解しているかはさておき、研修をしていると新人は「もっと叱ってほしい」という声をよく聞きます。それは、先ほどの「自身の行動を見て、判断してもらいたい」からです。

調べてみると、あるアンケートで「正当な理由があれば、上司・先輩に叱られたいと思いますか」

という質問に対し、78・5％の新人スタッフが「叱られたい」と答えたそうです。

ただ、ここで間違ってはいけないのは、叱られることを求めているのではなく「失敗を理解したい」「成長したい」「正しい方法を知りたい」から、叱られたいのです。

視点を変えて叱ること

では、叱る立場であるリーダーにとって、どういった姿勢で叱る必要があるのか？　それは、相手のために叱るという「あなたのため」の視点で関わるということです。なぜなら、叱るというのは「間違っている事実を伝え、修正してほしい具体的な行動を指摘する」ことだからです。

一方、「怒る」というのは「自分のため」の視点で関わることです。なぜなら感情をぶつける、憂さ晴らしのために伝えるからです。感情的な暴力と一緒で、相手を支配しようとするやり方です。

相手視点で伝えるのか、自分視点で伝えるのか。「どうしてくれるんだ！」は怒る。「こうしよう」は叱る。この違いです。

当然、新人に限らずスタッフが求めているのは、「叱る」ですね。まずは、叱っているのか、怒っているのか、これまでの伝え方を見つめ直してみることです。そして、一度叱るときには落ち着いて「相手のためなのか、自分のためなのか」を頭に思い浮かべたうえで叱ってみることです。

そうすれば、伝える側も余裕を持って叱れるでしょうし、相手も捉え方は随分と変わっていくでしょう。コミュニケーションを活発化するのは、何も「いいことばかりを伝えましょう」ではありません。叱ることも必要で、ただ伝え方によって相手との関係性は大きく変わっていくことを意識したうえでコミュニケーションを取ることです。

■コミュニケーションを活発化させる方法

⑭ アンケートのすすめ

スタッフがスグに辞めない職場づくりをするためには、法人内での様々な意見が必要となります。特に、経営幹部の意見ではなく、現場で働くスタッフの声が重要です。ただ、すべてのスタッフにヒアリングを行う場合、それなりの手間やコストがかかってしまいます。

そこで、おすすめしたいのが「スタッフ向けアンケート」です。アンケートと聞くと、「手間がかかる」「面倒くさい」「内容が思いつかない」といったイメージがありますが、実際にやってみるとメリットが多いです。中でも、「認識のギャップを埋められる」点は見逃せません。

以前、とある医療法人にて職場環境改善の支援をさせていただいたのですが、その際に施設長より「うちのスタッフは賃金に不満があるから、賃金制度を見直してもらえないか？」との相談を受けました。

このまま取り掛かってもよかったのですが、私はその言葉を鵜呑みにはせず、「実際に、現場はどう思っているのかアンケートを取ってみませんか？」と提案してみました。

施設長は、「え？　何でそんな面倒くさいことをわざわざやるの？」といった反応でしたが、何とか説得をしたうえで実施しました。後日、アンケートを収集した結果、意見の大半が「賃金に不満」ではなく、「有給を取りやすくしてほしい」「研修制度を充実してほしい」といった要望でした。

あのとき、単に賃金制度の見直しをしていたら、確かに環境は改善されていたかもしれません。ただ、現場スタッフからは「経営幹部は何にもわかっていない」といった声が上がったことでしょう。

このような経営幹部と現場における認識のギャップは数多く存在します。特に、経営幹部は「現場はこうに違いない」といった固定概念を持ちがちです。こうした固定概念を払しょくして、働きやすい環境づくりをするためには、現場の声に基づいた対応をしていく必要があります。

アンケートづくりで重要なのは「質問項目」

スタッフ向けアンケートは、そんな経営幹部と現場における認識のギャップを埋め、現場の声に基づいた環境を生み出す優れたツールです。では、そのアンケート実施に向けてどのような取り組みをすればいいのでしょうか。

アンケートづくりに最も重要なのが「質問項目」です。事前に何を聞き出したいのかまとめておかないと、的外れな質問ばかりになってしまいます。主に聞き出す内容は「スタッフが何を求めているのか？」という点。スタッフ向けアンケートでは、次の潜在的な要望を聞き出す必要があります。

「物質的インセンティブ（お金、モノ）」

「評価的インセンティブ（考課、昇進）」
「人的インセンティブ（上司・先輩との人間関係）」
「理念的インセンティブ（価値観、理念）」
「自己実現的インセンティブ（夢、希望）」

これらのインセンティブは、働いているうえで大切なモチベーションです。アンケートの質問項目は、スタッフが持つ「モチベーションの源泉」から導き出しましょう。また、インセンティブごとに質問項目をつくっておくと、スタッフの求めている内容が導き出しやすくなります（図表1）。

アンケートの目的は必ず伝えること

さっそく、アンケートづくりを始めたいところですが、単にアンケートを作成し、回収するだけではスタッフの本音を導き出すことができません。当たり前ですが、目的のわからないアンケートに協力する気が起きる人は少ないです。いくら同じ現場で働いていても、スタッフは経営幹部のやり方に協力してくれないことでしょう。

ただ、自分に関係する目的があったらどうでしょうか。今回の件で言えば、現場の環境づくりがテーマです。例えば、「この法人をよりよい施設にするためには、スタッフにとって働きやすい環境づくりが大切になる。だからこそ、このアンケートで皆さんの率直な意見を聞きたい。その回答に合わせて今後の改善策を練っていく予定だ」といった内容で、アンケートを実施する旨を伝えて

【図表１　アンケートの質問項目で必要なインセンティブ】

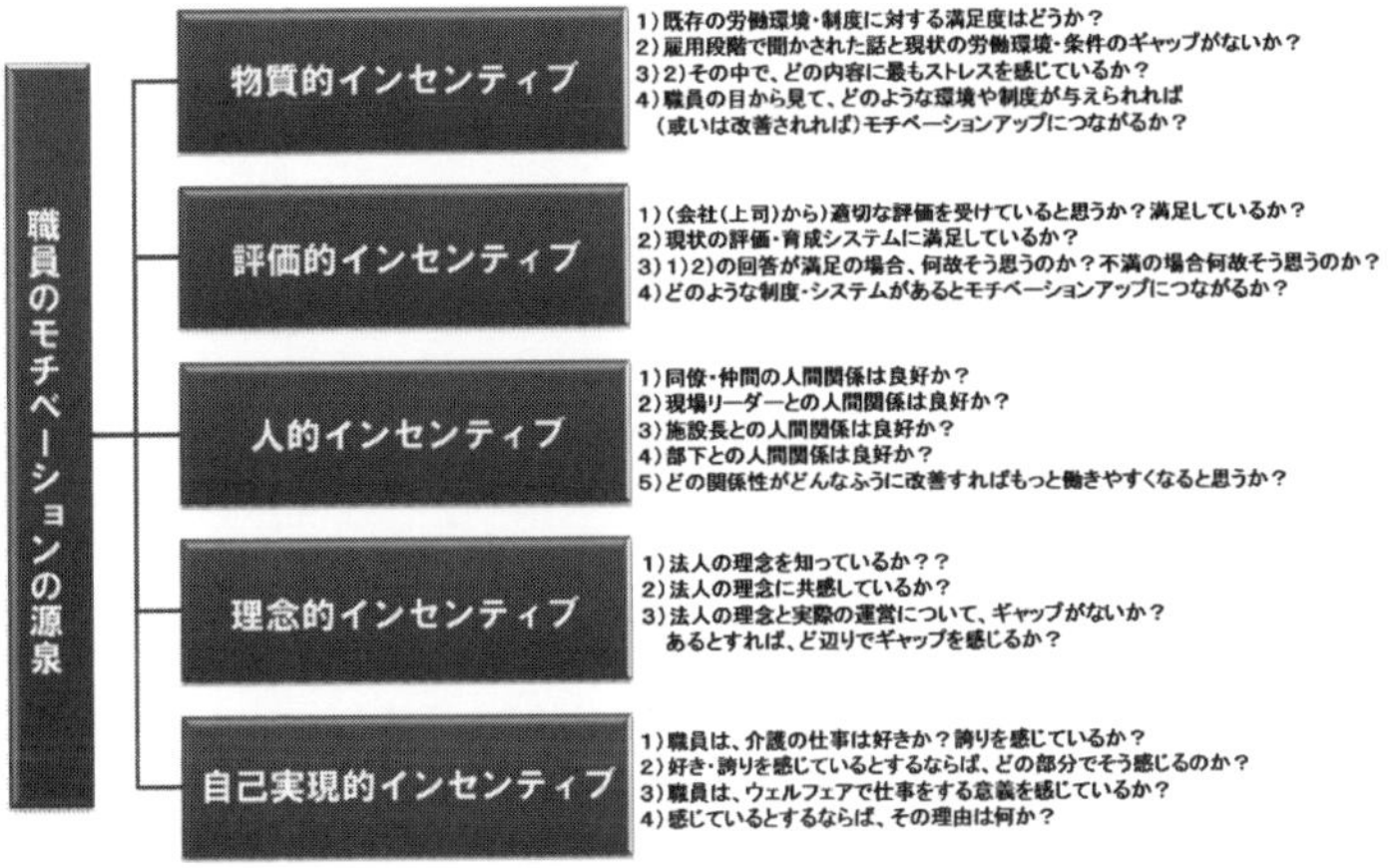
職員のモチベーションの源泉
物質的インセンティブ
1）既存の労働環境・制度に対する満足度はどうか？
2）雇用段階で聞かされた話と現状の労働環境・条件のギャップがないか？
3）2）その中で、どの内容に最もストレスを感じているか？
4）職員の目から見て、どのような環境や制度が与えられれば（或いは改善されれば）モチベーションアップにつながるか？
評価的インセンティブ
1）（会社（上司）から）適切な評価を受けていると思うか？満足しているか？
2）現状の評価・育成システムに満足しているか？
3）1）2）の回答が満足の場合、何故そう思うのか？不満の場合何故そう思うのか？
4）どのような制度・システムがあるとモチベーションアップにつながるか？
人的インセンティブ
1）同僚・仲間の人間関係は良好か？
2）現場リーダーとの人間関係は良好か？
3）施設長との人間関係は良好か？
4）部下との人間関係は良好か？
5）どの関係性がどんなふうに改善すればもっと働きやすくなると思うか？
理念的インセンティブ
1）法人の理念を知っているか？？
2）法人の理念に共感しているか？
3）法人の理念と実際の運営について、ギャップがないか？あるとすれば、ど辺りでギャップを感じるか？
自己実現的インセンティブ
1）職員は、介護の仕事は好きか？誇りを感じているか？
2）好き・誇りを感じているとするならば、どの部分でそう感じるのか？
3）職員は、ウェルフェアで仕事をする意義を感じているか？
4）感じているとするならば、その理由は何か？

おくのです。

単にアンケート用紙を渡すのではなく、実施におけるお願い文も一緒に渡しておくことが重要です。経営幹部の目的を理解してもらい、よりよい現場づくりのために協力してもらう。当たり前のことですが、たったこれだけで働きやすい職場づくりができるのです。

アンケートは、コミュニケーションを活発化させる

また、アンケートを実施することは、現場スタッフの本音を引き出す効果だけではありません。これは、私自身実際に取り組んでみて後から効果を感じ取ったのですが、アンケートを進めていると、徐々に法人内のコミュニケーションが活発になるのです。

アンケートを取り入れている法人へヒヤリングをしてみたところ、始めは現場の生の声を収集す

るためにアンケートを実施していました。ただ、実際に現場からの反応としては、アンケート実施が「経営幹部は、我々へ歩み寄ろうとしているんだ。そして、職場をよくしていこうとしているんだ」という意志表示にも伝わったとのことです。すると、始めは紙用紙でのやり取りだったのが、徐々に現場から経営幹部に対して直接提案であったり意見を言ってくるようになったそうです。

職場をよりよくしていきたいのは、誰しもが想っていることです。それを心の中でとどめておいても、相手には伝わりません。アンケートという形によって、想いを伝えられるのもアンケートの効果ではないでしょうか。そういう意味でも、手間や面倒くささのあるものですが、効果は計り知れないものだと感じています。

⑮ 理念の浸透

私は、これまで数多くの介護医療施設を見てきましたが、人材が定着しているかどうかは、法人によって差がありました。そこで1つ疑問に思ったのです。一体どんな違いがあって、人材が定着できていないのか、どこかに共通点はないか探してみたところ、ある1つの共通点を見つけました。それが、「理念の浸透」です。

理念・ビジョンが浸透・徹底していて、手段・方法が統一している法人は、目指す方向が示され、そこへ向かう手段が統一されているため、スタッフも同じ矢印のもとへ進んでいくことができます。それにより、喜びや笑顔、やる気、チームワークなどが生まれていくわけです。

【図表２　環境の違いで変わるスタッフの気持ち】

一方、理念・ビジョンがない、あるいは浸透していない、手段・方法がバラバラの法人は、スタッフもバラバラの矢印のもと進んでいるため、「自分の都合のよいようにやればいい」「自分がいかにしてラクしたいか」といった視点になります。それにより、不満、愚痴、無関心、やる気なしなどが生まれてしまいます。

そもそも、理念・ビジョンとは「我々の存在意義」のことです。つまり、法人としてのゴールを示していることになります。また、手段・方法が統一しているということは、道筋を示しているとも言えるでしょう。法人としてのゴールがあり、そこへ向かう道筋を示していれば、おのずとスタッフは「そこに向かって突き進んでいけばいいんだ」と思います。

単純な話ですが、「理念・ビジョン」が浸透・徹底し、「手段・方法」が統一されている、この２つの土台をしっかりと固めておくことが大切です（図表２）。

順番を間違えないこと

ここで注意していただきたいのは、「やる気を上げる」「笑顔を増やす」「チームワークづくり」などといった研修をすれば、解決できるわけではないということ。なぜなら、「理念・ビジョンが浸透・徹底していて、手段・方法が統一している」といった土台をつくることで、結果的に後から、やる気や笑顔、チームワークがついてくるからです。

そのためには、まず土台づくりをしていただき、その後の研修でより強化する、といった流れをつくることが必要になります。効率重視で考えれば、できるだけ多くのスタッフに研修を受けさせることが考えられますが、くれぐれも順番を間違えないようにしておくとよいでしょう。

⑯ 点を線で結ぶ

コミュニケーションにおいて「納得してもらうこと」は何よりも重要です。例えば、スタッフに業務をお願いするとき、ただ「これお願いね」と言ったり、部下に研修に行ってもらうとき、ただ「これ行ってね」と言ったりしていませんか？　この場合、相手によっては「何でこれをやらないといけないのかな」「この研修を受ける理由がわからない」となってしまい、お願いに対して納得してくれません。その結果、拒否したり、不貞腐れたりといった態度をとられてしまいます。さらに事態が進むと、環境に不満を抱え、職場全体が嫌な雰囲気となることもあるでしょう。

こうしたコミュニケーションは「点」に例えられます。点のコミュニケーションにおける問題点は、

【図表３ 点を線で結ぶ】

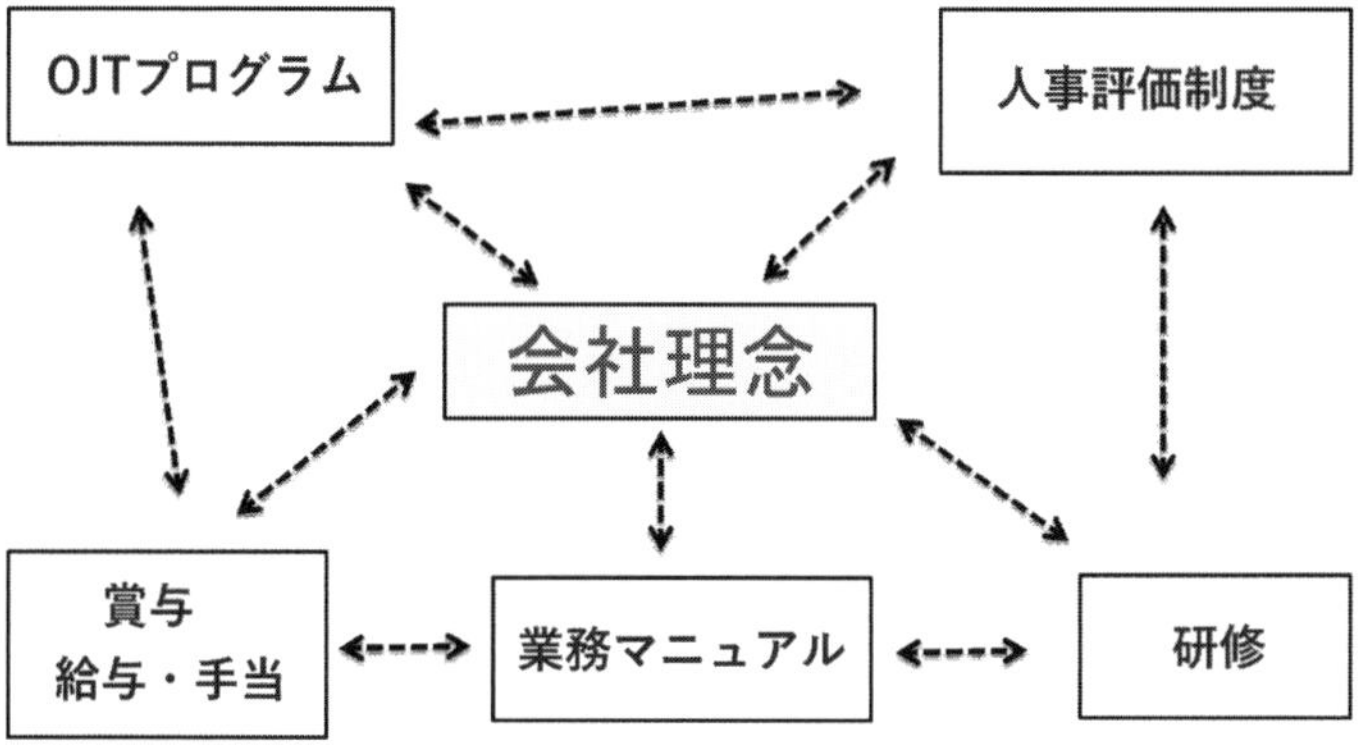

「理由」や「根拠」が不足しているところにあります。頼んだ側は、スタッフ側の「なぜ、やらないといけないのか」「これをやる根拠は何なのか」に答えられなければいけないのです。コミュニケーションにおいて、人は納得しないと行動を起こしません。働きやすい環境をつくるためには、お互いが納得しながら行動を起こすことが大切です。

そこで意識したいのは、「点を線で結んだ」コミュニケーションです。つまり、独立した「点」を「線」で結んだコミュニケーションを行えば、スタッフ側に納得してもらえます。その際、伝えるべきことに、「なぜなら～」「～という理由で」とつなげていくことが重要です。

必ず理念と結びつける

では、一体何とつなげていくと効果的なのか？ それは、「理念」です。理念というのは、私たちや社会にとっての存在意義です。その理念を基に現場スタッフは働いています。なので、理念を度外視するわけにはいきません。また、その理念を基に行動することで、人は納得していきます。

「あなたにはこの研修を受けてもらいたい。なぜなら、私たちの理念を実現するためには、このスキルが必要だからだ」と伝えたらどうでしょう。なぜ、受けるのか、それが今後何につながっていくのか、理解しやすくなります。

ちなみに、この「点を線で結ぶ」という考え方は、施設内におけるさまざまなツールや制度にも引用できます。例えば、「研修で培ったスキルを現場で活かしているので評価します」というのは、研修と評価制度が線で結ばれたことになり、「マニュアルの内容をもとに、ＯＪＴで教えます」というのは、マニュアルとＯＪＴが線で結ばれたことになります（図表3）。

どのツールや制度にも、理由や根拠が必要であり、それを結び付けていくことで、「点」になるのを防げるのです。こうした環境のもと、コミュニケーションを図っていくことで、現場は迷わず安心して働くことができます。

また、点を線で結ぶコミュニケーションは理念を浸透させることにもつながっていきます。介護医療現場に向けた独自アンケートを実施している中、「理念について理解していますか？」といった質問に対して、わずか23％といったデータがあります。理念を日頃から目にし、常に頭に入れながら業務をすることで行動が促進していきます。そのため、理念を結び付けるコミュニケーションを取ることで、改めて理念を理解し目にする機会を増やしていくわけです。

第2章

スグに辞めない職場づくりは採用も大事！
よい人材を採用するには
～スグに辞めない人材採用の秘訣

■守りの採用だけでなく、攻めの採用が必要

自法人の魅力を持ち・発信し続ける

スグに辞めない職場づくりも大事ですが、やはり人手が不足してしまうと、それだけ現場スタッフにしわ寄せが出てしまい、悪循環になってしまいます。そのため、職場づくりと並行して採用戦略にも力を入れて人を集めていくことも必要になります。

現状、介護医療業界では離職率は減少傾向にありますが、スタッフの不足感は70％近くあるといわれています（介護労働安定センター「平成30年度 介護労働実態調査結果」より）。ただ一方で、採用における戦略はどのようにしているかというと、雇用形態をまとめた求人票を送って、あとは待つだけ、といった対策しか取っていないところもあります。いわゆる「守りの採用」だけで人を集めることは、今後も困難になっていくでしょう。

思い切って方向転換をして、「攻めの採用」も取り入れていく必要があります。「攻めの採用」とは、自法人の魅力を明確にしたうえで自ら積極的に情報発信をしたり、自法人のことを認知させる場を積極的に増やすなどの行動を言います。

というのも、採用には様々な取り組みをしていかないといけない、といったイメージはありますが、まずはおさえておきたい2つの「採用における原理原則」があります。それが、「自法人の魅力（ら

しさ）を磨き武器を持つこと」と「自法人の魅力を発信し続けること」です。

まず、自法人の魅力（らしさ）を磨き武器を持つことについて。理念というのは、どの法人も存在します。誤解のないようお伝えすると、理念はどこも素晴らしいことを書いてあるため、そのまま伝えたとしてもそれだけでは差別化にはなりにくいです。そのため、理念だけでなく自法人ならでは、つまり「らしさ」を知り、それを磨き、武器としていくことが大事になっていきます。武器を持つと、それを知った求職者から「他の法人と違う」「魅力的に見える」といった差別化の１つに繋がっていき、採用活動を有利に働くことができるためです。

また、もう1つの「自法人の魅力を発信し続けること」について。採用で最も重要なことを一言で表現すると、何を思い浮かべますか？　それは、「認知」ということです。どんなによい職場環境であって、魅力的な法人であったとしても、それが求職者に認知されなければ、結局「選ばれる法人」にはなりません。そのため、「どうやって求職者に我々の法人を認知してもらえるのか？」を第一に、採用戦略を練っていく必要があります。

認知とは「知られる」ということで、認知される手段もさまざまです。今では、ネットからさまざまな手法で採用戦略がありますが、「ネット広告」「スマホ広告」であったり「ＳＮＳ（Facebook・LINE)」「Indeed」などがあります。

また、ネットに限らず「フリーペーパー」「有料求人誌」「屋外広告」「折込チラシ」「張り紙広告」といった方法もあります。

いずれも、認知する手段として有効に働きます。ただ、大事なのは「求めている求職者がどの媒体を見ているのか」を知っておかないと、大量のお金を投じて広告を出したところで一向に求職者が集まらないといった悩みを抱えてしまいます。なので、求職者が主に見ている媒体を見つけ、その媒体より自法人の魅力を発信し続け「認知」させていくことで、選ばれる法人になっていくわけです。ちなみに、この2つはセットとして考えておくようにしておきましょう。

「自法人の魅力（らしさ）を磨き、武器を持ち、その武器を使って魅力を発信し続ける」ということです。また、ただ採用活動を通して人を集めておけば大丈夫、というのは危険です。「入社して定着させるまでが採用活動」とも言われている通り、採用後も気を抜かずにやっておくことがあります。そこで第2章より、攻めの採用として「らしさを決めて、それを磨き」「発信し続ける方法を見つけ」「採用から定着までの仕組みづくり」を学んでいきましょう。

■採用で最も重要な「認知」戦略

⑰「らしさ」の決め方

法人が「よい人材」を採用するためには、まず、「我々にとってのよい人材とは、どういった人なのだろうか？」を明確にし、それを具現化することが大切です。誰でもいいから人を集めようとしても、結局法人の方針と合わずにスグに辞めてしまいます。お見合いと一緒で、採用にも「相性」

が必要です。そのためには、我々は何を求めているのかを示す必要があります。

その手助けをしてくれるのが、法人「らしさ」という表現。「らしさ」を理解・共感する人は、法人にとってプラスになる行動を起こしてくれます。

「自分「らしさ」を大切に」

「自分「らしさ」を見つけなさい」

「あなた「らしさ」を出しなさい」

「らしさ」という表現は、自分だけの性質を示す際に使われる言葉です。また、法人という集団の性質を示すことでも使われます。面接においては、「らしさ」が出るかどうかで、採用・不採用が決まります。

さて、法人「らしさ」を見つけるためにはどうすればよいのか。「らしさ」というものは、遠くではなく近くに存在します。まずは、法人内で口癖になっている言葉であったり、理念から導き出した言葉であったり、と身の回りからヒントを得ていきましょう。法人における「らしさ」は限りなくシンプルなもので構いません。

例えば「謙虚さ」。介護医療現場では、日頃から介助をしているため、どこか「世話をしてあげている」という気持ちになりがちです。そういった勘違いをなくしていくために、日頃から「謙虚さを持つこと」を意識させ、根づかせましょう。この場合、「らしさ」は「謙虚さ」となります。

他にも「喜び」。チームプレーを重視する中で、周りのスタッフからの助けに「喜んで」と表現し、助け合う風習があるとします。この場合、「らしさ」は「喜び」となります。

「らしさ」と聞くと、小難しく考え、かっこいい言葉として表現しようとする方は多いです。ただ大事なのは、現場スタッフにとっても「そうそう」と思ってもらえる言葉にすること。なので、経営幹部よりも、現場スタッフの感覚を重視し、「らしさ」を見つけることが重要です。なぜなら、経営幹部の考える「らしさ」と、現場スタッフの考える「らしさ」とでは、立場や価値観が違うため、認識がズレてしまいます。

加えて、現場スタッフの中でも、若手とベテランに分けて「らしさ」を見つけることもおすすめします。これは、「らしさ」を採用活動に活かす際に、「若手」と「ベテラン」、それぞれに共感を示す言葉を用意したほうが採用しやすいからです。

「らしさ」の実践的ステップ

では、「らしさ」を見つけ、採用に活かすための実践的なステップを解説します。

(1)スタッフから見た自法人の魅力をたくさん抽出し、分類・整理する。

とにかく数を重視し、できるだけたくさん挙げてもらうようお願いしましょう。

(2)どんな人材を採用したいのか、求める人材像を決める。

①新卒・経験者・未経験者　②年齢　③正規・非正規　④性別　⑤どんな特性の人か（能力・情意・実績・キャリア）

若手なのか、ベテランなのか、特性に応じて「らしさ」を伝えるためです。

⑶ ⑵で決めたターゲット（求める人材）は何を求めているのか。

ニーズを抽出し、３つに絞り込む。

⑷ ターゲット目線で⑵の中から自法人の魅力を３つに絞り込む。

ターゲットの求めているものと、「らしさ」のマッチングとなります。このとき、今は魅力ではないが、これから絶対に魅力にしたいことがあれば、具体的対策を明確にし、実現を決意することを条件に３つの条件の中に組み入れてもよいです。

⑸ 自法人の魅力（「らしさ」）を磨く。

次の項目で解説します。

⑹ その３つを訴求する。発信し続ける。

法人を運営する上で、何かを訴求し発信し続けることは重要です。ブレない信念を持って運営していきましょう。

法人にとって「らしさ」は大切です。「らしさ」を見つめることで本質がわかりますが、それだけ「らしさ」を見つけることは時間もかかりますし、何より大変です。

ただ、それによって選ばれる理由にもなりますし、他と違うことを明確に理解する指針にもなります。

常に「らしさ」を意識した運営を行いましょう。

⑱「らしさ」の磨き方

「らしさ」を見つけることができたら、次に大事なのは「らしさ」を磨くことです。「らしさ」自体はシンプルな表現なので、それだけだと「何を言っているのか」がいまいち伝わりにくいです。そこで、「らしさ」をより具体的なメッセージとして求職者に伝えるため、磨きをかけていきましょう。

ここでも、現場スタッフと協力しながら進めていきます。例えば、研修形式でグループワークをしたり、会議でお互いに議論したり、とできるだけ話し合いの場を設けながら磨いていくことが大切です。

(1)「事実」

まずは、「らしさ」を示す事実をできるだけたくさん出します。事実を集めるためには、現場スタッフの経験が役に立ちます。まずは、「ヒアリング」や「アンケート」を通して、どういった事実があったのか集めていくことから始めてみましょう。

(2)「エピソード」

「らしさ」の事実があるということは、それだけ良さを体感したことにつながります。そこで、「らしさ」を体感したエピソードをたくさん出してみましょう。

エピソードというのは1つの物語です。人は、物語を読むことで、感情移入し共感を覚えていきます。こうしたエピソードは、「らしさ」をより強固とさせるものにつながっていくので、できるだけ具体的に挙げてもらうようにしましょう。

(3)「背景」

現場スタッフのエピソードには、「なぜ起きたのか?」「なぜそう思ったのか?」などといった背景が存在しています。エピソードの中で感じたものを洗い出していくために、「なぜ」を繰り返し投げかけながら、その背景を思い出してもらいましょう。

(4)「ビジョン」

「らしさ」を思い出して挙げていくというのは、過去から現在までの出来事になりますが、法人の運営は現在から未来へとつながっていくものです。

そこで、この先５年10年といった「未来のビジョン」を思い描くことで、より「らしさ」を磨いていきましょう。

今は「らしさ」が小さいものでも、それが将来どれだけ大きな影響を与えるのか計り知れません。将来のワクワク感をもたらすためにも、未来のビジョンをつくり上げていくことが大切です。

このように話し合いの中で「らしさ」を磨くことで、より具体的なメッセージを生み出せます。ここで紹介した中でも、重点的に話し合いたいのは「エピソード」です。エピソードを話すことで、スタッフや法人の本音がわかっていきます。なので、エピソードづくりには、現場スタッフ目線で語ってもらうことが重要です。スタッフとの話し合いを通して、法人だけの「らしさ」を磨いていきましょう。

■「認知」戦略から、情報発信する方法

⑲ 介護医療施設で活用できる「採用特化ホームページ」

介護医療業界で働きたい求職者にとって、参考にできる情報といえばホームページです。その施設の理念や考え、普段の様子、スタッフの顔など、あらゆる情報を見て、どんな場所なのか判断します。

近年、こうしたターゲットに向けて、ホームページを持つ法人が増えてきていますが、まだまだ数は少ないです。私の経験上、他業種に比べると、ホームページ作成率は低いほうだと感じ取れます。そのため、法人名を検索してもホームページがなく、自治体が運営している情報サイトが上位表示されてしまうため、正確な情報が掴めません。これでは、新たな求職者が来ないですよね。

そこで、ホームページを作成すること自体、他の法人に比べて採用という点で優位に立てます。ただ、さらに一歩進んだ施策を行いたいなら、「採用特化ホームページ」をおすすめします。ここでお伝えすることは、検索して上位表示する方法や広告を使ってクリック数を多くする方法、見栄えをよくするための写真や文字の配置方法などではありません。

もちろん大事なことではありますが、まずは基本的なことから始めてみるということです。というのも、ホームページを作成されている介護医療施設であっても、見渡すとホームページに掲載さ

れている求人情報は、「給料」「休日」「勤務時間」「福利厚生」「各種保険」など、一般的なものばかりです。

どの求職者にもいえますが、できるだけ多くの情報をもとに「ここで働いてみたい」という判断材料を探します。そのため、一般的な情報だけで判断するのは難しく、限られた情報だけであれば、残念ながら「給料」といった物差しで判断せざるを得なくなります。

「採用特化ホームページ」をつくれば、採用に関する情報を気軽に探して確認できます。他の業界からすれば、さも当たり前のことを言っているように聞こえますが、特に介護医療業界にとっては重要なポイントになっていきます。というのも介護医療現場は「閉ざされた空間」というイメージが強いです。実際に、私が特別養護老人ホームに勤めていたときに、初めて地域向けにイベントを開催し、施設へ招き入れたことがあります。そのとき、地域の方々からの反応のなかには、「外からのイメージと全然違うね」という声もありました。

意識はしていませんでしたが、周りから見る介護医療施設のなかには、「施設内はどうなっているのか見えないので、暗いイメージがあった」といった考えもあることに気づかされました。まして や「働きたい」と思っている求職者なら尚更施設内のことは知りたいはずです。それこそ、現場内はどんな雰囲気なのか、働くスタッフはどういった人たちなのか、どんな働き方をするのかなどといったイメージは、実際に行ってみないとわかりません。

そこで、施設見学を用意しても、いきなり申し込むのはハードルが高いものです。ただ、採用特化ホームページがあれば、どんな場所なのか想像しやすくなるので、申し込むハードルが低くなります。

採用特化ホームページに載せるもの

さて、ホームページ作成と聞くと、ついつい凝ったものをつくりたくなりますよね。ホームページは、文字数の制限や規制といったものがなく、ある程度自由度が高いものをつくることができます。そのため、ホームページの見栄えにも目が行きがちになりますが、大事なのは「何を求職者に伝えたいのか、知ってもらいたいのか」を明確に書くことです。

採用特化ホームページの最終的なゴールは、求職者から「選ばれる」ことですので、伝えたいことを明確にしておかないと他のホームページへ行ってしまいます。

ただ、いきなり明確にしろといってもどこから始めたらいいかわかりません。そこで、その場合は「⑰「らしさ」の決め方」と「⑱「らしさ」の磨き方」より導き出した内容を載せてみましょう。

また、本書のこれまでとこれからも、各章で導いた結果は求職者に伝えたいこと、知ってもらいたことが詰まっています。実際に取り組んだ結果を、そのままホームページに載せていくことでも十分選ばれる要素が詰まったホームページができあがっていくでしょう。

ちなみに、求職者が知りたい情報とは何なのか？　その代表的なものとして「他と違うところ」、そして「共感が持てるもの」があります。単に仕事内容を羅列しているだけでは、共感を持ってもらえず選ばれる法人にはなりにくいです。

そこで共感を持ってもらうホームページづくりとして、次の要素を加えてみましょう。

・顔を見せる

閉ざされた空間のイメージを払しょくするために、「誰が」働いているのかを見えるようにするため、顔写真は効果的です。特に、法人の代表（理事長や経営者）は文字のみのメッセージを載せがちです。法人の顔として、どんな人のもと働くのか気になるポイントになりますのでしっかり載せておきましょう。

・求職者が聞きたいこと＞自分が伝えたいこと

ついつい「自分が伝えたいこと」を羅列して載せてしまいがちです。自分視点ではなく、あくまで相手視点。求職者が聞きたい情報を載せていくために、「実際に働いている姿がイメージできる」ような内容を載せるとよいでしょう。

・「恥ずかしいから隠したい」ことを敢えて話す

ついついメリットばかりを載せてしまいがちです。ただ、それだと求職者からは「何か裏があるのでは」と勘繰ってしまい、結果避けられてしまうかもしれません。むしろ恥ずかしい過去を自己開示することは、相手を安心させる効果があります。失敗や挫折したことなど、本当は隠したい、と思っていることもどんどん載せていきましょう。

・理論や建前よりも、自分の本音を語る。

綺麗ごとで終始しても、そこには「らしさ」もなければ、雰囲気が伝わってきません。特にスタッフインタビューを載せるときには、スタッフの本音もしっかり載せることも大事になります。どこも、すべてが完璧な法人などありません。課題があることを本音で語れることで、求職者は共感を得ることができるでしょう。

・共感を呼ぶストーリーを組み立てる

共感を得るのに効果的なのは、ストーリーです。介護医療施設では、毎日と言っていいほど何かしらドラマがあります。「苦労を積み重ねてご利用者の笑顔を見ることができた」「スタッフ同士喧嘩しながらも議論し取り組んだイベントが大成功した」「ご利用者の要望に応えるべく、紆余曲折しながらも実現することができた」など。そのストーリーを、文字や写真として体系化し載せておくことで、ここで働くことで同じような体験ができるのではといったイメージを膨らませる効果があります。

これらの要素は、より伝えたいこと、知って欲しいことを明確にしてくれますので、作成したら随時ホームページに載せて更新をしていきましょう。すると、法人ならではの採用特化ホームページができあがっていきます。

⑳ 介護医療施設で活用できる「ハローワーク」

「ハローワークに求人票を載せても、全く問い合わせがない」「問い合わせがあっても、戦力になる人材がやってこない」といった声を度々いただきます。ハローワークは無料で活用できるため、その分「いい人材が来ない」といった固定概念を持ってしまいがちです。ただ、このハローワークの活用も「書き方」「伝え方」次第では、「いい人材」を集めるツールになります。

ハローワークに掲載する求人票には、全国共通の決まりがあります。文字数まで細かく決まっていて、その範囲内で求人情報を載せていくのは、どの法人でも変わりありません。そのため、「何を書いても一緒」「結局は給与で差をつけるしかない」といった考えになり、淡白な内容になっている求人を多く見かけます。

求職者からすると、特に介護医療業界というのは閉ざされた空間というイメージが強いというのは先ほどお伝えしました。実際の職場内はどうなっているのか、具体的にどういった仕事をするのか、がいまいち感じ取れない、いわゆるブラックボックス的な印象を与えています。

その中で、求人票に職種が「介護職員」「医療事務」、仕事内容が「介護業務全般（食事、排泄、入浴、移動等）」「事務全般」などといった書き方だったら、求職者はどう反応するでしょう。きっと、「この法人、わからない」となってスルーされてしまうのが想像つくかと思います。

当たり前のことですよね。それなのに、実際にハローワークで「○○市　介護」と検索してみてください。圧倒的に、職種が「介護職員」「医療事務」、仕事内容が「介護業務全般（食事、排泄、入浴、移動等）」「事務全般」となっているわけです。

この求人の何を見て、求職者は判断するのでしょうか。恐らく「給与」だけですよね。なぜなら、それでしか差がわからず、判断材料が見当たらないからです。これでは、前述した通り、給与だけで差がついてしまいます。優秀な人材を集めるなら、求人票の書き方、特に「職種」と「仕事内容」を意識しましょう。これだけでも「求めている人材」から反応を取ることが可能です。

「職種」「仕事内容」の書き方

では、職種に何を書けばいいのか。ハローワークの職種欄には「28文字」書くことができます。先ほどの「介護職員」であれば、まだ24文字入るわけです。ここに、他とは違うアピールポイントを記載してみましょう。例えば、「未経験歓迎」「○○地域」「教育体制が整っています」「キャリアパスあり」など。このように書くことで、職種欄を見ている求職者からすれば、すぐに目につき「何だろう」と反応をしてくれる可能性が高まります。

続いて、仕事内容に何を書けばいいのか。ここも、介護医療業務を律儀に書いても意味がありません。なぜなら、介護医療で検索している求職者は、介護医療の業務自体はある程度理解しているからです。そのため、仕事内容に「入浴介助」「食事介助」「送迎」「事務手続」などと書いても、「そりゃ、そうだよね」となってしまいます。求職者が知りたいのは、「どういった働き方をするのか」「どんな気持ちで働くのか」「周りの環境はどうなのか」といった部分です。例えば「今年10月に新規開設予定のデイサービスです。新規開設なのでフラットな人間関係からスタートできます。暫く現場から遠ざかっている方でもサポートしますのでご安心ください」という書き方もよいです。

箇条書きでまとめるよりは、文章形式で「求めている働き方」を強調して書くことをおすすめします。ここで働き方を強調しておけば、自社の求めている人材とマッチがしやすく、トラブルが起きにくいといった利点があります。

また、もう一歩自社の求めている人材を確保する上で、重要なのが「採用特化ホームページ」と導線をつくっておくことです。そもそもハローワークの求人票を見て興味を持った求職者は、そのあとどういった行動を取るのか考えてみましょう。多くの方は、自身のスマホで検索するはずです。その検索では、その法人情報、つまりホームページを探そうとするのです。なぜなら、人は始めに興味を持ったときに「もっと情報はないかな」と探す傾向があるからです。

ハローワークで載せる情報は、ある程度制限があります。文字数も限られます。そのなかで、法人のすべてのことを伝えることは難しいです。ハローワークで完結して選んでもらおうとすると、結果「もう少し考えてみよう」で終わってしまう可能性もあります。

では、ここでホームページがないとどうなるのか。ご想像通り、求職者は次の候補を探すことになります。これでは貴重な求職者が離れてしまいますよね。

「魅力的な求人票」×「採用特化ホームページ」＝「優秀な人材が集まる」ができあがるわけです。そのため、「⑲介護医療施設で活用できる「採用特化ホームページ」」と合わせてハローワークの求人票づくりをしていくことをおすすめします。この方程式をきちんと守れば、自法人が求める人材が手に入ることでしょう。

㉑　介護医療施設で活用できる「リファラル採用」

リファラル採用とは、「スタッフに人材を紹介・推薦してもらう採用手法」のことです。リファラルは、「紹介」や「推薦」という意味を持ちます。よく勘違いされますが、リファラル採用は「紹介してくれたら◎◎円」といった報酬支給のみの制度ではありません。大きな括りでいうと、この採用戦略は「スタッフ自ら採用活動を起こす」制度になります。

具体的には、スタッフの元同僚や、学生時代の友人・知人といった人的ネットワークを通じて候補者を集めつつ、法人の働き方・適性に見合った人材の採用選考を行い、基準を満たした人材を採用する手法です。

またリファラル採用は、単に採用が活発になり、人材を確保できるだけではありません。採用活動を通して、現スタッフに「自法人のことを知り」「どんな人材と一緒に働きたいのか」といった現状を見直せる機会を与えられるため、人材育成にもつながっていきます。なので、リファラル採用は人材育成のカリキュラムに入れることも可能です。

これまで、採用特化ホームページやハローワークについてお伝えしましたが、求職者へ伝える内容や戦略におけるポイントに違いはありません。ただ、これまでの2つは、情報発信したうえで後は求職者に見てもらうよう待つことが主になります。

一方、リファラル採用は完全に攻めの戦略です。こちらからアプローチをかけ、順序だって採用におけるメッセージを伝え続けるものです。

リファラル採用のメリット

そんな、リファラル採用のメリットを今一度確認していきましょう。

①採用コストがかからない

広告を使って求人活動をしていると、１人採用するのに１００万円以上かかるといわれています。しかも、立地がよい場所であれば集客しやすいですが、最寄駅から遠く地方にある場所の介護医療施設の場合、多額の広告をかけていくのが適切かどうかはわかりません。その分、リファラル採用は、スタッフによる紹介なので、コストを最小限まで抑えることができます。

②法人の方針に合った人材が採れる

求人誌などでは記載できる内容が限られています。そのため、書ききれないものやマル秘情報などがわからず、結局本来の趣旨である「自法人に合った人材」がやってきません。その分、リファラル採用は現場スタッフが考えた「求められる人材像」や「法人理念に合った行動」などを示して活動を行うため、それだけ自法人に合った人材を採りやすくなります。

③会社の魅力と課題が見える化できる

スタッフが知人・友人などに紹介する際、単に「いいところだから来なよ」といってもピンとこないものです。そこで、法人の魅力を伝えて、イメージを膨らませてもらうことが大事です。ここでポイントとなるのは、メリットばかりを伝えるのではなく、あえて法人の「課題」を伝えておくことです。そうすることで、実際に入社したときに「聞いていたのと違う」といったミスマッチが起きるのを防ぐことができます。

④スタッフが経営者目線へ

リファラル採用は、「究極の人材育成」といえます。人を単に紹介するだけではなく、自法人のよさや課題を見つめ直すいい機会になります。スタッフ全員が経営者目線になるため、会社の未来のことを考えた動きが可能です。また、スタッフが心を1つにして取り組む戦略なので、全体の士気も向上し、職場環境がまとまる点も見逃せません。

リファラル採用の具体的なステップ

では、実際にリファラル採用をしていくためのステップについて解説していきます。

①プロジェクトメンバーの選定

スタッフ全員がリファラル採用の取組みに協力していただくのは理想ですが、100名以上いる施設もあれば、さまざまな世代や職種がいるのが介護医療施設の特徴です。そのため、全員を一同に進めていくことで混乱を与えてしまう危険性もあるので、ある程度選別は必要です。

例えば、「法人や介護医療業務が好きなスタッフ」という基準で選定したり、アンケートで希望者を募ったりしてある程度絞り込んでみるとよいでしょう。

ここでは、本人の実務スキルや役職等にこだわらずに集めていくことが大事です。

②キックオフ

リファラル採用は、1人でやるものではありません。スタッフ同士で協力し合いながら進めていく手法になります。そのため、まずはスタッフに対してリファラル採用の理解を示すために、方針や今後の流れなどを伝える必要があります。

また、決まったルールはないのも特徴の1つなので、全体の流れで何を取り入れるかを一緒に考えるのも有効です。例えば、候補者を自法人で開催しているイベント（夏祭り、クリスマス、敬老会など）に招待する、定期的に実施している打合せや勉強会に参加してもらう、飲み会や懇親会などに呼ぶ、などで接点を持ちながら自法人の雰囲気を感じてもらうのもよいでしょう。

また、運用にあたって、報奨金を設定するのか、進捗状況の確認のための打ち合わせの頻度、人事評価制度への連動等、を決めておくことも必要です。ここで大事なのは、スタッフが自ら動き出せるように、スタッフのモチベーションにもつなげていくことです。求職者が主役ではありますが、スタッフの紹介行動がカギとなりますので、その点運用方法も工夫を凝らして盛り上げていくことです。

また、いきなり紹介をしろといっても「誰を紹介すればいいのかわからない」「誰が自法人に適しているかわからない」ことで行動が起きにくくなります。そこで、キックオフの際に「欲しい人材像の設定」や「自法人の特徴」をみんなで決めていくステップも必要です。

欲しい人材像の設定では、例えば「こんな人と働きたい」「こんな人はイヤだ」「こんなスキルを持っているとＯＫ」といった特徴と洗い出してもらうとよいです。特に、「こんな人はイヤだ」というのは、人脈の棚卸をするときに「誰でもいいから」という視点をなくさせるのに有効です。

ここでも、経営幹部で決めるのではなく、現場スタッフで考えてもらうことです。一緒に働くのに、現スタッフとの相性も重要になるからです。

③アピールブックの作成

リファラル採用において大事なのは、自法人に合った人材を見極めて、紹介してもらうことです。「とにかく数を集めて、たくさん採用しよう」ではありません。ただ、紹介する側であるスタッフからすると、自身の人脈からどう選定し、どういったアプローチをして紹介につなげていくのか、導線を明確にしていかないと紹介したくてもできなくなってしまいます。

そこで、必要になるのが「アピールブック」です。これは、営業に例えるなら、法人概要や商品やサービスのカタログにあたります。紹介された人が法人に興味を持つかどうか、言葉だけでなく見てイメージを持っていただくのに大事なツールとなります。

また、紹介するスタッフ側にとっても、アプローチをする際に、「とにかく一度うちに来てよ」とゴリ押しで紹介するのではなく、しっかりと法人のことを説明する際に、カタログがあると説明がしやすいでしょう。そのために、アピールブックは有効に活用できます。

さて、ここで記載する内容というのは、法人の概要や特徴になるのですが、ポイントは「紹介される側が知りたいであろう情報」と「自身が、相性のよい存在なのか」を判断させることです。そのため、概要の中には「法人代表とは、どういった人間なのか」「法人としての今後の中長期展開」

といったなかなか外部では知り得ない情報であったり、「法人の日常（写真）」「弊社の人事制度の紹介」などの知っておきたい情報を載せておくとよいです。

また、キックオフでスタッフに決めてもらった「こんな人と働きたい」「こんな人はイヤだ」「こんなスキルを持っているとＯＫ」といった特徴や、合わせて法人の課題も入れ込んでおくことです。ここは、これまでのホームページづくりの際に出てきたものを載せておくのでも大丈夫です。

④求職者へのアタック

リファラル採用の概要を把握し、アピールブックでどのようにアプローチをすればいいか理解したうえで、いよいよ求職者へアタックです。スタッフ自身の人脈を棚卸し、優先順位をつけたうえで、各々でアプローチをしてもらいます。

ここで大事なのは、「あとはよろしく」とスタッフに丸投げをしないことです。実際にアプローチをしていると、次のステップに他のスタッフの協力が必要であったり、行き詰ったときに有効な方法を考えたいことなどが起きます。その情報を集めみんなで共有しながら進めていくこともリファラル採用には必要です。そこで、定期的な打合せを重ねながら進めていくことをおすすめします。打合せでは、スタッフごとの人脈リストと進捗状況の確認をしていきながら、それぞれ次へのアプローチ方法や協力体制の構築などを話し合ってみましょう。

ただ、注意していただきたいのは「ノルマを設けないこと」です。ノルマを設けてしまうと、それだけ自法人に合っていない求職者でも、とりあえず紹介してしまう危険性があるからです。

あくまで数ではなく質を重視することです。そのため、ノルマではなく本当に自法人に合った人材を適切に選びアプローチをすることを念頭において進めていくことを強調しておきましょう。

介護医療業界にとって、リファラル採用が有効に働く理由はいくつかあります。なぜなら、地域密着で事業展開をしているところが多く、それだけ地域に住んでいるスタッフも多いのが特徴だからです。そのため、人脈における横のつながりも深く、紹介しやすい環境になっていることが多いです。

介護医療現場では、決して実務経験が長いから優秀なスタッフとは限りません。当然有資格者に越したことはありませんが、果たして自法人の方針に合った働きができるか判断が必要です。こういった目に見えない実態に対して、紹介する側の判断は極めて重要になります。そのため、単に紹介しただけでは、働いてみて「こんなはずではなかった」とミスマッチが起きてしまう危険性が高いです。

リファラル採用は、介護医療現場のようにスキルだけではなく、方針や雰囲気の相性が極めて重要になる意味では、とても有効に機能する手法ではないかと思っています。

㉒ 介護医療施設で活用できる「介護サポーター採用」

人材を確保するために、介護医療の実務経験者や資格所有者といった即戦力を取る採用戦略も必要ですが、これまでと違う視点で採用活動を展開することも求められています。例えば、介護分野においては厚生労働省が「２０２５年に向けた介護人材の構造転換」にて、介護人材確保の目指す姿として「まんじゅう型から富士山型へ」と打ち出しています。

これまでの採用活動として懸念してきた、介護現場経験者や資格取得有無における採用ハードルの高さには、専門性が不明確で役割が混在しているために採用募集のすそ野が狭いのが課題でした。これを「まんじゅう型」と表現しているわけです。実際に、法人へのヒヤリングでも「すぐにシフトに入ってもらいたい」「教育する時間がないので、できるだけ早く現場に入ってもらいたい」などの要望が多く、結果的に採用募集の内容が即戦力に近い形になってしまいがちです。

そこで、介護業務の専門性を明確にし、専門性の高い業務は介護福祉士が中核的人材として位置づけることで、その他業務に対して採用募集をするといったすそ野を広げる取組みが有効に働きます。多様な人材の参入促進を図ることで、これまでの即戦力のみでの採用募集だけでなく、幅広い世代や状況に応じた採用募集が可能になります。

例えば、「子育て中・後の女性」「他業種」「若者」「障害者」「中高年齢者」などとすそ野を広げることが可能です。この業務の切り分けを通して、有資格者などの専門人材や専門人材候補を確保する採用活動と合わせて、すそ野を広げた幅広い世代を確保する採用活動展開を「介護サポーター採用」と表現しています。

実際に、全国で進められている事例としていくつかあります。例えば、三重県介護老人保健施設協会では、「介護助手」という表現で採用活動の幅を広げてきた実績があります。そこでは、介護助手の業務を難易度別に3つのクラスを設けて、経験や資格、職場研修等を通じてステップアップできる仕組みを取っています。これによって、採用募集の容易さや、業界未経験者のなかでも体力や年齢、要望などに応じて幅広く業務を割り振れる効果が出てきます。

また、ある介護老人福祉施設の事例では、移乗・排泄等ご利用者の身体に接する業務を「身体介護」、ご利用者の身体に基本的に接することはない、身体介護を行う環境を整える業務を「生活支援」に大別して採用募集をしているところもあります。

すそ野を広げることで、「専門業務を望まず、ただ他人から感謝されたり役に立ったりするやりがいを持ちたい」といった考えを持つ人材でも介護医療業界に興味を持っていただくこともできます。このような人材でも「働いてみようかな」と思ってもらえるためにも、「介護医療=専門性が高い」という意識を変え、それに応じた採用募集方法も今後必要になっていきます。

採用方法として今後有効に働いていきますが、一方この採用方法を取り入れていくためには、当然「専門性業務とそれ以外の業務との切り分け」が必要になります。これを「機能分化」と呼びますが、単に業務を切り分けるだけでなく、専門性の高い業務とは具体的にどういったものか、またそれ以外での業務との連携はどうすればいいのか？　などといった課題を解決していくことも必要になります。

これについては、「㉖ヌケモレをなくすための、業務の洗い出し」で解説していきますが、「介護サポーター採用」において複次的な効果があると私は捉えています。その1つが、「スタッフのプロ意識」です。

スタッフのプロ意識を芽生えさせる

スタッフのプロ意識とは、介護現場を経験しているスタッフや資格取得をしているスタッフの意識向上のことです。これまで全国の数多くの経営者や理事長、施設長とお話をしてきましたが、現場に対して不満を抱えている理由の多くが「スタッフのプロ意識の欠如」という声をいただきます。

それは、介護医療現場のスタッフは何かと業務を一まとめにやってしまいがちで、それによって本来やらなければいけない業務や専門性の高い業務を疎かにしているように見えているとのことです。

私も訪問入浴や特別養護老人ホームなどで介護スタッフとして従事してきました。資格も取得し、実務経験もそれなりにこなしてきました。

ただ、実際現場ではどうだったかというと、私の場合いつの間にか何でも屋になっていたことを思い出します。すると、業務ごとの役割が曖昧になり、専門性が薄れることで業務時間の偏りが発生してしまいます。

実は、機能分化を図りそれに応じた採用募集をする過程で、改めて現スタッフのプロ意識を芽生えさせることができます。つまり、本来の専門性の高い業務に集中して取り組んでもらうことで「そうだ、私は介護スタッフであり、介護のプロなんだ」という想いを持っていただくのです。

情報連携の大切さ

ただ、機能分化を図った採用募集にも気をつけなければいけないことがあります。それが「情報連携」です。これは、採用後のことになりますが、例えば介護サポーターをいざ採用したとしても、一スタッフであることを周りのスタッフに伝えておかないといけません。

さも当たり前のことを言っていますが、介護サポーターの役割や立場をしっかり伝えておかないと、現場スタッフは勝手に「外注」だと認識してしまいます。こうなると、一スタッフではないため連携が疎かになり、結果ご利用者からのクレームやサービスの質の低下を招いてしまいます。

改めて、介護サポーターでも一スタッフであり、仲間であること。そして、情報を共有し連携を図っていく必要がある旨をしっかり伝えておくことが大事です。

これまでのような、何でも屋を担う人材を集めるのではなく、役割ごとに応じた人材を確保するような採用戦略も今後は有効に働いていくでしょう。実際に取り入れているところでも、

・介護医療スタッフの残業時間が減少（介護サポーターの人件費を介護医療スタッフの残業手当減でまかなうことも可能に）。

・介護スタッフの有給休暇取得率が向上。

・認知症利用者の個別対応が可能になった。

・時間的にも精神的にも余裕ができ、従来したくても何年もできなかったレクリエーション活動に取り組めた。

などといった声も出ています。

介護医療人材の参入環境の整備、定着促進等を図る幅広い戦略ですので、全体像をイメージしておきながら取り組んでみましょう。

■採用する前にやること

㉓ 前職の経験の活かし方を一緒に考える

介護医療業界は、さまざまな施設での勤務を経験した上で、中途採用されるスタッフが多いです。前職までに経験してきたことをどう活かすのか、この点は働く上での意欲を引き立てる方法として重要です。私自身も日本福祉大学を卒業後に、訪問入浴会社、社会福祉法人にて特別養護老人ホーム、デイサービス、ショートステイとさまざまな経験をしてきながら今に至ります。

転職の中で、自身の経験が活かせることを知り、「自分にも貢献できるものがある」という自信につながったものです。よい人材を採用するというのは、採用選考を考えるだけでなく、採用してからもよい人材にしていく手段も考えていく必要があります。その1つが、「前職の経験の活かし方」です。

それでは、どのようにして前職の経験を活かしていくのか。まず、スタッフが入社するにあたって、徹底的に前職の経験を聞いてみましょう。そして、前職で「何をやったのか」だけではなく、「どうやったのか」も合わせて確認することが大切です。「何をやったのか」は、同じサービス内容であれば、ある程度似たようなものが出てきます。

一方「どうやったのか」は、法人の特徴やこだわりによって違っていきます。それが、入社するスタッフの強みにつながる可能性もあるので、積極的に聞いておきたいです。ただし、注意していただきたいのが、必ずその考えや手法が、そのまま通じるわけではないということ。

あくまで、前職は前職。今の施設の方針に必ず従ってもらう点は、この時点ですり合わせをしておかないと、「私はこれまでのやり方しかやりません」となってしまいかねます。ここでは、自身の活かし方を考えるにあたって、これまでの経験を振り返ってみるという目的で聞いてみることが大事です。

自分取扱説明書のすすめ

また、経験から働き方を一緒に考えるだけではなく、自身の性格や特徴から周りのスタッフとの活かし方を考えるのも効果的です。私はこれを「自分取扱説明書」と明記して多くの介護医療施設へ展開支援をしています。自分取扱説明書では、「自分の強み行動」「元気になるパワーワード・パワージェスチャー」「元気を奪うマイナスワード・マイナスジェスチャー」といった自分自身の特徴を明文化していきます（図表4）。

また、その特徴を活かして「私が特に力を発揮する仕事の場面」をいくつか出していき、「特に

【図表４　自分取扱説明書（例）】

後藤　功太　　の取扱説明書

	持ち味TOP5		一番当てはまっている強み行動
1	誠実さ	→	相手との約束は必ず守り、相手のことを想った対応をしている
2	プレゼンテーション力	→	文章は簡潔かつ短くまとめ、話の流れをしっかりと組み立てている
3	素直さ	→	物事を頼まれたときは「はい」といって協力している
4	傾聴力	→	相手が何を求めているかを適正に判断し、責任のある受け答えをしている
5	戦略構築	→	競合先の強みや弱みを徹底分析し、自社の競争優位（差別化）はどこにあるかを明確にしている

元気になる パワーワード・パワージェスチャー	「他と違いますね」「イキイキしています」「さすがプロですね」「自由に生きていますね」
元気を奪う マイナスワード・マイナスジェスチャー	「普通ですね」「例外は認められません」「絶対無理」「がっかりします」

私が特に力を発揮する仕事の場面	特に力を発揮するポイント
・人から相談されたとき	・「傾聴力」で本音を引き出し、よりよい解決策に向かっていけます
・会議で良い案が思い浮かばないとき	・「戦略構築」で、今まで考えもつかなかった案をひねり出し、「プレゼンテーション力」で会議に参加した方々が納得して行動を起こすことが出来ます
・新しい取り組みをする必要があったとき	・「誠実さ」より率先して取り組みにかかり、「プレゼンテーション力」で周りを巻き込むことが出来ます
・人間関係がうまくいっていないとき	・「素直さ」と「誠実さ」で相手との関係性を構築し、周りのスタッフとの連携をスムーズにさせることが出来ます

自分の強みを活かして 上司、先輩へのサポート方法	なかなかアイデアが浮かばないときはご相談ください！「戦略構築」「傾聴力」でよりよい実現可能なアイデアを出します。
	協力してくれるスタッフがいなくて困っていれば、誠実に対応します。
自分の強みを活かして 同僚、部下へのサポート方法	仕事で落ち込むことがあって、元気で前向きになりたいときは来てください。「傾聴力」で自身の考えを整理させ行動を促進させます。
	仕事をもっと楽に進められるように改善したいと思ったらご相談ください。「戦略構築」「プレゼンテーション力」でよりよい道を見つけます。
自分の強みを活かして お客様へのご支援方法	ご利用者・ご家族からの緊急相談があった場合は、「傾聴力」「誠実さ」「素直さ」を活かして、どうやったらよりよい方向性に解決出来るかをお伝えします。
	ご利用者が「今のままでいいや」という現状維持の想いになった場合、「誠実さ」で前向きさを入れて差し上げます。

力を発揮するポイント」を挙げてもらいます。これによって、周りのスタッフも一緒に仕事をする上での活かし方を理解させ、スムーズに連携しながら仕事ができる効果があります。

さらに、「自分の強みを活かして上司、先輩へのサポート方法」「自分の強みを活かして同僚、部下へのサポート方法」「自分の強みを活かしてお客様へのご支援方法」といった、立場によっての活かし方も明文化しておくとよいでしょう。

いずれも、自己開示をしていくことで自分自身の強みを再確認していく効果もありますし、それを共有して周りのスタッフとの連携を強化させていく効果もあります。働くのはこれからであっても、前もってこういった明文化をして共有することも必要な取り組みです。

㉔ 理念同意書で、働き方の理解を得る

新人スタッフが入社してから、最も気を付けるべきことが、伝達ミスによって「そんなこと聞いていません」といった状態をつくってしまうことです。どんなスタッフも入社時には、不安が付きまといます。それは、いくら現場経験があったとしても新しい職場の勝手はわからないからです。そんな中、「伝えたつもりが伝わっていなかった」「これぐらいはわかるだろうと思って伝えていなかった」ことで、実際に聞いていない内容を知らされた場合、現場に不満を抱くかもしれません。新人スタッフによっては、こうした不満が募り、辞めてしまうことも考えられます。

法人にとって、新人スタッフが入社してすぐに辞めてしまうことは大きなダメージです。再度、採用活動を行うモチベーションが保ちにくくなってしまいます。現場スタッフにとっても、入社退社の繰り返しが続けば「私もこのまま働いて大丈夫かな？」と疑問を持たせてしまう危険性もあります。そのため、入社する最初の段階で、いかに「聞いていません」といったトラブルを防ぐかが大切です。

そこで重要なのが「理念同意書」を作成し説明すること。入社時に提示する書類として一般的なのは、「個人情報保護」に関する書類です。最低限守って欲しい内容が盛り込まれているものですが、これに加えて「理念同意書」を入れることをおすすめします。

理念同意書の内容

これには、「我々の理念に基づいて、このような働き方をしてほしい」といった内容が盛り込まれています。例えば、

「私は仕事に対して、その意義を考え、新しいことにも未経験のことにも、小さな仕事も大きな仕事も隔てることなく、積極性を持って取り組みます」

「仕事は支え合いで成立しているという法人の考え方に同意し、周りの仕事のサポートにも積極的に行うよう、努力します」

また、働き方に関しては、

「組織の仕事を円滑にするために、感情や機嫌のみで仕事はしないことに同意します」

「積極的なミスは歓迎するという法人の体制のもと、積極的に仕事を行うことに同意し、ミスがあった場合そのミスは認め、絶対に隠蔽しないと誓約します」

などといった内容を入れます。

理念同意書によって、事前にどんな考えのもと、どうやって働くのかをお互いが理解し、納得できます。それにより「聞いてません」といったトラブルを防ぐことが可能です。理念同意書を作成する場合は、「そもそも法人としてどのような働き方を望んでいるのか」、また「理念に基づいた行動とは具体的にどんな行動なのか」を洗い出していく必要があります。

これは、現場スタッフにまとめてもらうというよりも、経営幹部が法人全体を見渡し、過去を振

り返りながらまとめてもらうほうがスムーズです。あとはまとめた内容を先ほどのような文章にし、理念同意書という形で提示書類にしましょう。

㉕ 徹底的に不安を払しょくさせる

これから採用するスタッフが定着するかどうかは、入社前に抱える不安によって変わってきます。この不安をいかに払しょくできるかが、定着において大切です。代表的な不安というと、「どんなスタッフがいるのか」「どんな働き方をするのか」「休みはしっかりともらえるのか」「サービス残業はあるのか」などといったところでしょう。新人スタッフの不安と向き合い、徹底的に払しょくできれば、自ずと定着率も高まります。

一方、いいことばかりを強調して、悪いことはごまかすような対応をしてしまうと、将来的に離職率が高まります。それこそ、「㉑介護医療施設で活用できる「リファラル採用」」でも、あえて課題を伝える大切さについて書いてあります。不安をなくすためにも、課題を公表し、それに応じた対応策や今後の計画を伝えることが重要です。

現場スタッフの声を集めること

ただし、実際に働いてみないとわからない部分もあります。働いてみて「あっ、これだったら、始めに聞いておけばよかった」となってしまうこともあれば、「あれ？　どうしよう……」と不安になってしまうこともあるでしょう。そこに予め気づいてもらった上で、働いてもらうためには、「現場スタッフからの声を集めていく」ことが肝心です。現場スタッフも、今は慣れていても必ず「新人」だった頃があります。その時代には、様々な不安を経験してきたでしょう。実は、このような不安だった経験は今も共通して存在しているものです。そして、不安を乗り越えたからこそ、現在のポジションがあります。

そこで、現場スタッフの声を集めていけば、経営層にはない「具体的な意見」や「解決方法」が出てきます。それをまとめて、これから働く新人スタッフへ伝えてみましょう。これだけでも、新人スタッフの不安を払しょくさせられます。

ちなみに、現場スタッフからの声を集めておく方法としては、「⑭アンケートのすすめ」でお伝えした方法が効果的です。「入社前にやっておいたほうがいいこと」や「周りのスタッフとの関わり方」「働く上で、今後培っておきたいスキル」「ストレス発散に活用できる職場外の活動」などの質問をアンケート用紙に記載しておくとよいです。

この方法は新人スタッフの不安を払しょくできる上、法人における課題を見つける際にも役立ちます。新人にとっては、不安は常に付きまとうものですが、法人として新人を迎え入れる姿勢が問われています。徹底的に不安を払しょくして、新人スタッフから現場スタッフ、そして法人の成長につなげていきましょう。

では、現場スタッフの声を聞くためには、どのような聞き方が効果的でしょうか。１つは、「これまでを振り返ってみて、入社前にやっておいたほうがいいことは何がありますか？」これは、自身が新人だった頃を思い出してもらい、当時苦労したことを今の新人スタッフには味わってもらわないよう、事前対策として何があるのかを問うものです。実際に現場を経験している人にしかわからない部分があるため、それを聞き出すことで、現場への入り方も不安を払しょくできる状態になっていくでしょう。また、「周りのスタッフとの関わり方で、今のうちに知っておくとよいことはありますか？」という質問。人は、初対面のなか顔合わせをとるときが一番緊張するといわれています。顔合わせの前に、同じ職場のスタッフを予め知っておくことだけでも、実際に会ったときにスムーズにコミュニケーションが取れる可能性が高まります。

そういった意味でも、事前にスタッフの関わり方を知ることも大事です。そして、「働く上で、今後培っておきたいスキルは何が思い浮かびますか？」という質問。現場では、一般的な介助スキルだけでなく、現場ならではのスキルというものも存在します。それは、入社してみないとわからないことが多く、これまで長年現場を経験してきた方でも、現場ならではのスキルに戸惑い、不安を抱えてしまうこともよくあります。そこで、実際に必要なスキルを予め知っておくことも、安心材料の1つとなるでしょう。また、おまけに「ストレス発散に活用できる職場外の活動はありますか？」という質問。仕事だけでなく、それ以外でも何があるのかを知っておくことも、リフレッシュの場があるという安心感につながっていきます。アフターを大事にしているスタッフも増えてきているため、こういった情報を予め知っておくこともポイントになります。

第3章

「働きやすさ」と「働き心地のよさ」はどう実現していくか

～選ばれる職場づくりの秘訣

■業務改善からムリ・ムダ・ムラをなくす

なぜ、業務改善をする必要があるのか

「働きやすさ」や「働き心地のよさ」というと、環境をよくして気持ちよく働いてもらうといったイメージが強いかと思います。ただ、そもそも環境をよくするとはどういうことかが明確になっていないと、現場スタッフには伝わりづらく、結局は「とりあえず、みんな元気出して頑張ろう」といった感情論で終始してしまう傾向があります。

では、どうすることが「働きやすさ」や「働き心地のよさ」につながるのか。それは、「業務改善」を通じて、ムリ・ムダ・ムラをなくした環境にして、それを定着させていこうという取り組みです。

介護医療現場では業務改善における意識が低く、これまでのやり方に疑問を持たずにただただ目の前の業務に没頭するという傾向があります。

例えば、介護現場のとある早番の業務となると、「ご利用者の起床介助をし、その後食事の準備、誘導、介助、片づけ…」といつもの場所でいつもの業務をする。その繰り返しをすることで、「早番とはこういうものだ」といった概念が付いてしまいます。そうなると、実際の業務を客観的に見たとき「あれ？　この業務は、何でこの時間帯にやるのだろう」であったり「そもそもこの業務は、やる必要があるのだろうか」であったりと、色々な疑問を持つことができます。

ここでは、スタッフに迷わせない・安心させることがポイントです。そのために、業務を見える化しムリ・ムダ・ムラをなくしていく「業務改善」、効率化された業務の流れを見える化し人間関係構築をする「マニュアル」、スタッフごとの役割を明確にし、連携を図れる「職務分掌」、役割を遂行しその先を示す「キャリアパス」、業務を遂行しステップアップを図るためのスキルを向上する「教育プログラム」があります。では、それぞれの流れとポイントについて解説していきます。

まず、最初に「業務改善」について。介護医療はサービス業であり、ご利用者の生活周りを支援するだけでなく心のケアを含めた総合的な支援をする立場です。そこには、スキルだけでなく人間力も兼ね備える必要があり、決して誰でもできる仕事ではありません。

一方、当のスタッフの多くは、介護医療業務だけでなく身の回りの業務やら、報告書類などの作成やらで本来の専門的業務に力を入れられない方も見受けられます。これを、「仕方ない・・」と捉えるのか。それとも、「そもそも、この業務はやる必要があるのか？」「もっと、効率的にやれることはないのか？」などと捉えるのか。今、後者の動きが活発になっているわけです。

業務改善は、時間の効率だけが目的ではありません。今一度、介護医療スタッフの専門性を高める。そして、スタッフのプロ意識を高めていく。それが、やりがいやモチベーション、賃金引き上げにもつながっていくのです。

では、これから職場で業務改善をする必要がある場合、どうしたらいいのか？　現場では、多くは「業務改善＝仕事のあら探し」と捉えてしまいます。つまり、業務改善をする目的は自身や周りの欠点を指摘するためだ、ということです。こういった間違った捉え方を防ぐためにも、業務改善が自身にとっても職場にとっても前向きな取り組みであることを印象づける必要があります。

その1つに、現場スタッフには「どんな環境だったら、働きやすいと思う？」と、将来のウキウキするような姿をイメージさせる質問をしてみましょう。そのうえで、「そういった環境にするには、今何をする必要がある？」「どこから改善していく必要がある？」と現状の対策を一緒になって考えていく姿勢を持つことです。

また業務改善というのは、スタッフ1人で考え行動するには限度があります。例えば、業務改善をするために業務の洗い出しをする必要がありますが、1人で完結する仕事はあまりありません。他職種と連携しながら業務をしていることが多いため、それだけ他のスタッフと意見交換しながら業務の洗い出しをする必要があります。そのため、「誰と一緒に取り組むと助かる？」といった質問を使いながら、1人で抱えないようなフォローも必要になります。

巷でよく言葉にする「働き方改革」。ニュアンスは違えども、業務改善をしていくことが求められています。何だか面倒くさい…とイヤイヤ取り組んでいても業務改善も人手不足も何も解消していきません。この取り組みは、現場スタッフ1人ひとりにも大きく関わっていくこと、そして1人ひとりにとってプラスに働いていくことを伝えていくことが大事です。人は、「自分にどういったメリットがあるのか？」を基準に行動を起こそうとします。法人だけでなく、自分自身がこの先のメリットを明確にしておくと、業務改善をしていく職場風土につながっていくでしょう。

㉖ ヌケモレをなくすための、業務の洗い出し

業務改善とは、業務のムダ・ムリ・ムラをなくし、効率化を図る手段のこと。職場の業務改善がうまくいけば、現在の環境をよりよいものへと変えられます。ただし、いきなり業務改善を行っても、どこにムリ・ムダ・ムラがあるのか把握できません。

そもそも、職場全体でどんな業務が行われているか把握できている方は少ないです。まず、業務改善を行う前にすべきことは、「業務の洗い出し」です。業務の全体像を確認すれば、自ずとどこに改善点があるのか理解できます。一見難しそうに見える業務改善ですが、先に業務の洗い出しを行うことで、簡単に進められます。

業務の洗い出しには、ベテランスタッフや役職者だけでなく、新人でもパートでも職場に関わる方、全員に参加してもらいましょう。現場のことは現場スタッフが一番理解しているため、経営幹部でつくろうとせず、職場全体に協力してもらうことが大事です。

また、業務の洗い出しの過程で、どの部署で誰がどのような業務をしているのかわかるだけでも、今まで気づかなかった業務のムラを見つけられます。業務の洗い出しは、時間と手間がかかる作業であるため、できるだけ多くのスタッフに協力していただきながら進めていくとよいです。

業務の洗い出し手順

さっそく、業務の洗い出しにおける「手順」と「注意点」を解説していきます。

手順1：各業務は「大区分」「小区分」と分けたうえで洗い出すこと

いきなり業務を洗い出そうとしてもヌケモレが発生し、より複雑になってしまいます。そこで、各業務を「大区分」「中区分」「小区分」に分類し洗い出しましょう。大区分とは、「入浴介助」や「掃除」といった大括りの業務。中区分・小区分は、それらをさらに細分化したものです。

例えば、「入浴介助」なら「入浴後のドライヤー」や「備品整理」などです。区分の分類を行うことで、職場で行われている業務を体系的に把握できます。

ちなみに、大区分はある程度決まったものが出てきます。その際参考になるのが、法人内にある業務分掌や組織規程などです。もし、このような規程類がありましたら、活用しながら洗い出しをするとよいでしょう。

手順2：効率よく洗い出すために「付箋」を使うこと

業務の洗い出しは時間のかかる作業です。一度に全員を集めて、一斉に洗い出し作業をしてもらうことは困難と言えます。そこで、会議室や職員室の壁に「洗い出しシート（大きめの模造紙）」を貼り出し、自由に利用できる環境をつくると効果的です。洗い出しシートには、あらかじめ大区分・中区分・小区分のスペースをつくってください。

そして、効率よく業務を洗い出すために「付箋」を使いましょう。付箋は、一度貼り付けてもはがして使える優れものです。直接書いてしまうと、いちいち消す必要がありますが、付箋なら大区分・中区分・小区分を自由に移動できるうえに、必要がなければ捨てられます。また上手に洗い出すコ

【図表５　付箋を使ったワーク事例】

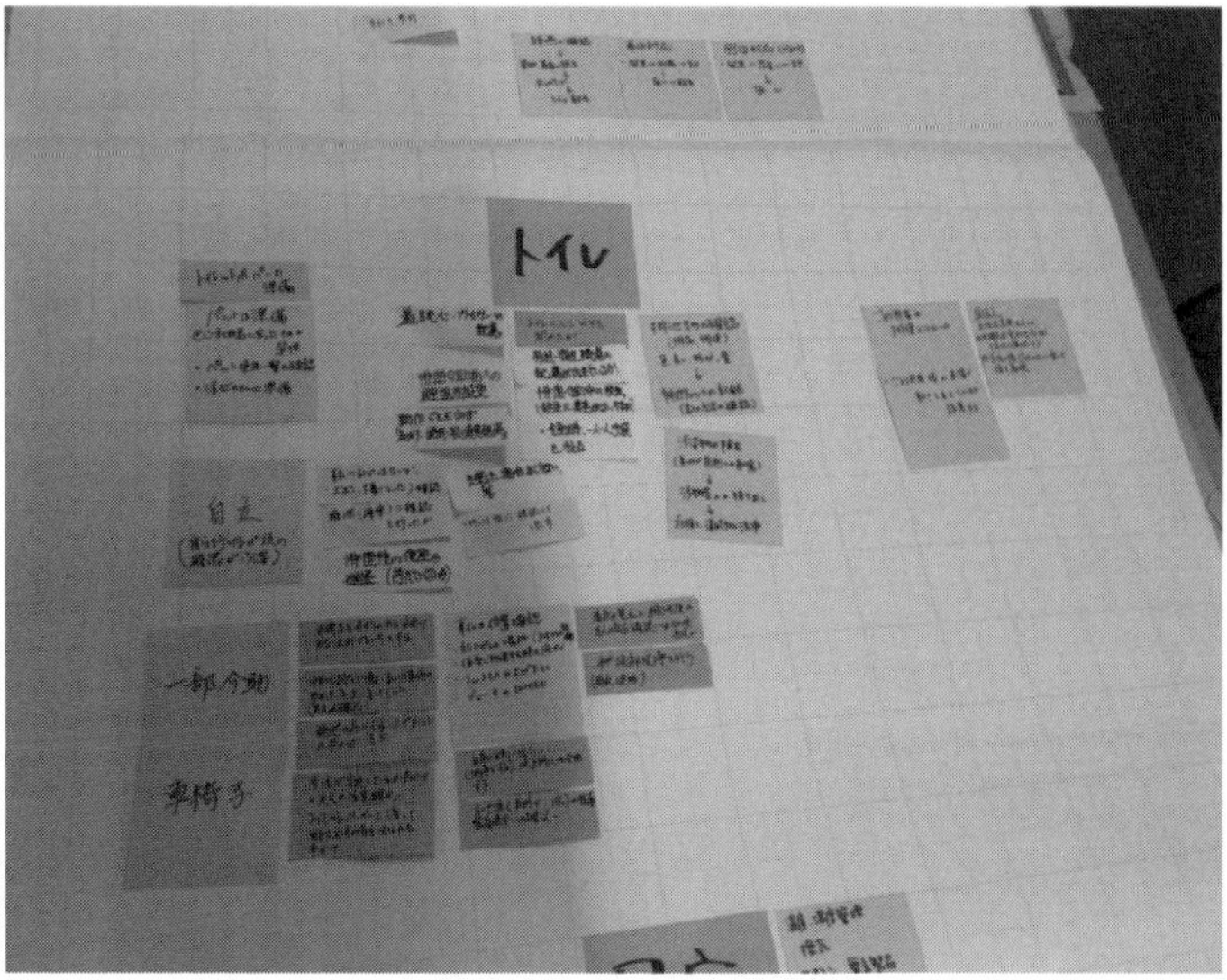

ツは、「1枚の付箋につき、1つの業務を書き出す」こと。付箋に複数の業務を書き出してしまうと、区分間を移動させにくくなってしまいます。そこで、「1枚の付箋につき、1つの業務を書き出す」を守れば、わかりやすく業務を分類できます。

以上で業務洗い出しの手順は終わりです。たった2つの手順になりますが、ここだけでも業務のヌケモレを改善できます（図表5）。

業務の洗い出しにおいての注意点

ただし、注意していただきたいポイントがあります。1つは、業務項目の名称は事前に揃えておくことです。細かいところでいうと、「ご利用者」なのか「お客様」なのか、また「作業」なのか「業務」なのか。ある程度定めておかないと、洗い出しをした後に状況確認をする際迷わなくて済みます。業務の洗い出しというのは、単に洗い出しをするだけのものではありません。改めてスタッフ間、他職種間によって共通言語が違っていないか確認する効果もあるわけです。次のステップに活かすためにも、項目名称は揃えておくことが大事です。

また、職種ごとで分けて業務の洗い出しをしておくことです。介護施設でいうと、介護・看護・生活相談員・事務・理学療法・作業療法・ケアマネージャー・栄養などとさまざまな職種が存在します。それぞれが混在して洗い出しをしてしまうと、誰が担当している業務なのかがわかりにくくなります。そのため、職種ごとで予め分けたうえで、それぞれで洗い出しをしていただくとよいでしょう。

ここで気になるのは、「ご利用者ごとで違う業務があるけれど、これも洗い出したほうがよいのか？」という点。たくさんのご利用者がいる環境では、すべての方に対して同じ業務を行っているわけではありませんよね。この場合、ご利用者ごとで違う業務も1つひとつ洗い出していくとよいです。というのも、この先業務改善をしていく際に、「ご利用者ごとにやっている業務もひとまとめにしたら、もっと効率的にできるかも」といった視点を持てるからです。

実際に個別の業務の洗い出しを行うときは、小区分に付箋を用いて記載してください。例えば、「◎◎さん入浴後軟膏塗布」や、「◎◎さん朝食後薬服用」といったように記載します。こうしたご利用者ごとの業務も、しっかりと分類を行い、全体のヌケモレを防ぎましょう。

ある社会福祉法人にて、業務の洗い出しの支援をさせていただいたところがあります。そこでは、３か月ほどかけて全スタッフに協力をしていただきながら業務の洗い出しをしました。取り組んだスタッフからヒヤリングをしたところ、「改めて自分は何をしているのかがわかって、スッキリした気分になった」「何気なくやっていた自分に気づかされた」「業務が膨大にあると思っていたが、実際に見てみると結構ムダなものも多いように見える」「他のスタッフの業務が見えて、連携が不足しているように感じた」などといった声がありました。

業務の洗い出しだけでも、気づかされるものもあれば、それだけで改善点が見えることもあります。

㉗ 流れが大事！　状況確認→原因追究→改善策

業務の洗い出しから、業務改善に結び付けていくためには、「状況確認→原因追究→改善策」の流れが大事です。まず、状況確認を行います。業務の現状はどうなっているのか？　スタッフに状況確認の質問を行うことで全体を俯瞰できます。

そんな状況確認において、よくありがちなミスが「課題の詮索」です。法人にとって課題を見つけて改善することは重要です。ただ、課題は大きく捉えると「ダメなところ」でもあります。そのため、「課題の詮索＝ダメなところ探し」になってしまい、場合によっては「この法人には、こんなに悪いところがあるんだ！」と法人に対して嫌悪感を与えかねません。また、課題から入ることで、それが愚痴へと発展してしまうこともあり得ます。

まずは、強みを見つける

こういった事態を防ぐために、状況の中でもポジティブな面、つまり「強み」を先に拾い上げていくことをおすすめします。強みとは、何も得意としていることだけではありません。「他と違う」「こだわり」「自慢」「売り」「お気に入り」なども強みに入ります。

特に、「他と違う」という視点は、強みを引き出す際に効果的です。例えば、転職などで他の法人を経験しているスタッフがいる場合、「他と違う、うちの法人ならではのものはないか？」という質問で、法人にとっての強みを引き出せます。加えて、強みは「きっと〜かもしれない」程度のもので構いません。なぜなら、自分の長所は何ですかと聞かれても、ストレートに答えられる人は少ないからです。

ただ、「きっと〜かもしれない」だったら、「きっと人に優しくできるところかもしれない」や「きっと時間を守るところかもしれない」のように答えやすくなります。こうしたスタッフが回答しやすい構文づくりも大切です。

業務ごとの時間を算出

また、状況確認において時間の算出も重要なポイントです。各業務における時間をそれぞれ計測すると、そこで見えてくる課題もあります。例えば、「排泄業務における時間が他と比べて圧倒的に多い」「引継ぎにおける打ち合わせ時間が日によってバラバラ」「スタッフによって食事準備にかける時間が違う」などです。時間算出のためには、業務中に時間計測をスタッフごとでお願いするわけですが、なかなか計測するための時間を確保するのが難しいといった声も実際にはあります。そこで、計測が困難な場合には、「業務ごとの時間割合を算出する」ことでも効果があります。１日の業務を１００％だとして、大区分あるいは中区分ごとで、どれぐらいの割合を使っているのかを算出してもらうわけです。

時間計測と比べて正確性はありませんが、割合だけでもどこに時間を多くとっているのかが見えてきます。また、その割合を通して、「どの業務に、もっと時間を取っていきたいか（取りたいか）？」を質問して、現状と照らし合わせて課題を見つけることもできます。

原因追究の仕方

さて、状況確認が済んだら、次は「原因追究」です。原因追究と聞くと、状況確認よりも何かを詮索するような印象を与えます。そのため、特定の話題に終始しないように注意が必要です。特に、「スタッフのスキルの問題」や「外部環境、施設の構造上の問題」が話題に上がりがちです。ここでも効果的な質問を通して、スタッフに気づきを与えていきましょう。例えば、

- スタッフにより時間の差がある業務はどこか？
- スタッフによって手順が違う業務はどこか？
- 最もトラブルが起きている（起きそうな）業務はどこか？

・なぜ存在しているかわからない業務はあるか？
・スタッフの指導が変わる業務はどこか？

といった視点を持ち、どこに原因があるのかを見つけていくのです。これらの視点を持った質問なら、業務を一方向からではなく、多方向から見ることができます。そのうえで各回答を参考にすれば、自ずと業務における原因がわかってくることでしょう。

改善策の見つけ方

そして、原因がわかってくれれば、あとは「改善策」を見つけるだけです。改善策を見つける際の注意点は、「解決策」と混同しないこと。なぜなら、「解決＝これをやれば問題がなくなる」という解釈になってしまうからです。解決策を探す方法では、魔法のようなやり方を求めてしまい、結局改善案を見つけることができないかもしれません。

一方、改善策なら今よりも一歩前に進むための策を求めるため、優れた改善案を思い付けます。また、改善策なら、今よりもよくなる程度の方法なので、気軽に案が出てくるかもしれません。

そのうえで、改善策として有効な質問は、

・やる必要があるか、ないか？
・順番を変えたり組み合わせたりできないか？
・よりシンプルに表現できないか？

・時間を短縮する工夫はないか？
などになります。これらの質問を通して、思い切って業務自体を止めてみるといった手段や、外注してみるといった意見が出てくる可能性もあります。

私が関わらせていただいたあるデイサービスでは、ＩＴソフトを導入して日報業務の効率化を図ろうとしたのですが、当初多くのスタッフから反発がありました。「ＩＴスキルに疎い」「新しく学ばなくては行けなくて面倒くさい」「逆に時間がかかってしまうのでは」といった声が多い状況でした。

そこで、反対意見を振りぬけいきなり「導入します！」と決めるのではなく、まずはスタッフに業務の洗い出しをしていただき、状況確認から原因追究、そして改善策といった流れで業務改善を図ってみました。

すると、改めて業務が可視化され、課題が見える化されたことで、スタッフの考えも徐々に変わっていきました。「改善して働きやすい環境にするためにも、ＩＴソフトを導入したほうがよいのかも」といった考えが芽生えてきたところで、改めて導入意思を確認し、結果無事導入できたわけです。このように、時間と手間のかかる取り組みではありますが、取り組みを通してスタッフの意識変化を促す効果もあることを理解しておくとよいです。

いずれにしても、「状況確認で強みを見つける」→「原因追究で効果的な質問を投げる」→「解決策ではなく改善策といった意識で検討する」といった流れが大事です。

㉘ 継続第一のための、改善委員会の運営

業務改善は、一度改善してしまえば、あとは放ったらかしとはなりません、時代の変化やスタッフの人数、ご利用者の状況によっては、改善が必要になることも大いにあり得ます。業務も日々変化していくかもしれませんので、定期的な業務の洗い出しも必要です。また、改善策を練って行動を起こしても、それを分析したり更に改善していく必要も出てきます。

そこで重要なのが、「改善委員会」をつくることです。定期的に集まって業務改善の進捗状況や今後の動きを委員会で決めていく仕組みが、改善を継続して働きやすい環境をつくる上で必要になります。

では、その改善委員会をどう運用していけばよいのか。改善委員会は、「常に意見を出し合い、まとめて行動を起こすこと」を目的とします。そのためには、まず参加したスタッフが意見を出せる環境づくりが大切です。

ここで、よくありがちな委員会の課題について。いざ、話し合いを行うと、「声のでかいスタッフ」や「ベテランスタッフ」などからしか意見が出ず、結果偏った方向性しか示せないといったことが起きます。かといって、新人スタッフに「何か意見ある?」と聞いても、「・・・」と重苦しい空気が流れてしまうこともあるでしょう。「では、次回までに考えておくように」と続ければ、いつまでも結論の出ない委員会になってしまいます。この状態のままでは、いくら委員会を発足したところで、「結局、何も変わらないし、やっても意味がない」といった空気になってしまいがちです。

効果的な委員会運用の仕方

こういった事態を防ぐために、私がファシリテーターとして参加する際に活用している「意見を書く。そしてそのまま共有」を実践しましょう。スタッフに意見を訪ねても答えてくれない理由として、「考える時間がない」や「いきなり発言することに躊躇してしまう」ことが考えられます。特に介護医療施設では､意見をまとめて発言する「プレゼンテーション」を行う機会が少ないです。そこで、「プレゼンテーション」の訓練を積み重ねることも重要ですが、もっと会議等で実践を積みながら、スキルを伸ばしていくほうが近道です。

では、本題に戻って「意見を書く。そしてそのまま共有」の手順を解説していきます。まず、会議の際に「議題についての意見」を紙に書いてもらいます。ただ、すぐに書くことは難しいので、意見を書いてもらう時間を設けてください。この時間は10分程度で構いません。

ここでのポイントは、必ず会議の際に意見を書いてもらうこと。「会議の前に用意しておいたほうが効率的では？」といった意見もあると思いますが、会議の際に書くことが重要です。

会議の前に準備してしまうと、なんとなく意見をまとめがちです。人によっては、当日になってから適当に書いて出す方もいるでしょう。一方、会議の際に書けば、程よい緊張感によって頭がさえわたり、素直でよい意見が出やすいです。そのため、あえて時間をかけて紙に書きます。

そして、書いた内容については、「そのまま共有すること」が大切です。書いた内容に対していちいち意見を言ってしまうと、話が進まなくなってしまいます。これまでのように「声のでかいスタッフ」や「ベテランスタッフ」が意見をまくしたて、他のスタッフが委縮してしまう事態になってしまうかもしれません。あくまで公平に、効率的に進めていくためには、「そのまま共有すること」が効果的です。そこに、何らかの装飾は必要ありません。

こうした心構えのもと、出てきた意見に対して改善策を練っていく。その過程でも、同じように「改善策を紙に書く」、そして「そのまま共有する」というステップを踏んでみてください。

また会議で使用した紙は、重要な資料として保管しておくとよいでしょう。誰がどのような意見をしたのかを把握するだけでなく、あとから振り返りながら「確か、こういった意見があったよね」と思い出しやすくするためです。そのため、紙には付箋を使うと効率的です。

業務改善において大事なのは、「継続」です。人は、一度取り組めばあとは勝手に定着するわけではなく、時間と共に忘れてしまい、結果やらない方向に行きがちです。また、誰かが改善の進捗状況を確認していかないと、「別に私がやらなくてもいいのでは」と勝手にやらない方向へ持っていこうとしてしまいがちです。

スタッフを信じることも大切ですが、運営に当たってはやはり継続する仕組みを取り入れておくことです。そのために、ＰＤＣＡを回すうえで改善委員会の設置運営は欠かせないポイントになっていきます。また保管方法として、紙資料で保管していては量が増えてしまい、管理が大変になります。そのため、出来上がった資料を写真撮影し、データとして保存しておくとよいですし、後から見返す際に検索しやすく便利になりますのでおすすめします。

■人間関係構築のためのマニュアルづくり

なぜ、マニュアルを作成する必要があるのか

マニュアルというと、介護医療現場においては嫌う傾向があります。なぜなら、マニュアルは介護医療現場における本来のスタッフ像を壊してしまいかねると思っているからです。

例えば、実際にマニュアル作成反対における意見として、次のような言葉をいただきました。

「ご利用者によって価値観や状況が違うので、一概にまとめることは難しい」

「マニュアルをつくってしまうと、スタッフがロボット人間になってしまう」

「スタッフには、ご利用者の状況を見極め、それに合った動きをしてもらいたい。ただマニュアルによって、逆に動きにくくなってしまうのでは」

などです。寄り添う介護をすることを目指している法人にとっては、マニュアルは相反する行為だと捉えてしまいかねません。

マニュアル作成の、別の目的

ただ一方、現場の声として問題になっているのが「人間関係」です。私自身、これまで年間５００名以上のスタッフと直接会って話を聞いてきましたが、「人間関係の何に悩んでいるのか？」

と、問題を掘り下げてみました。すると、「あのスタッフとやり方が合わない」といった声がとても多くいただいたのです。どういうことかというと、現場では1人で完結する業務は限られています。ほとんどが、他のスタッフと協力し合い業務に取り組むのです。

例えば、入浴介助1つとっても、1人がご利用者の着脱介助を行い、もう1人が車いすの用意や移乗の準備をする。連携を通してよりよい業務が生まれるわけですが、一方が違う手順を踏もうとすると、それで事故が起こったり、ご利用者からクレームをいただいてしまいます。それが原因で、「あのスタッフとはやり方が合わないから異動させてください」と問題が起きてしまうのです。

この原因には、スタッフのわがままと捉えがちですが、そもそも「マニュアル」というルールがないことで起きてしまう側面もあります。人は、ルールがないと「勝手に自分で決めてしまう」傾向があります。介護医療業界では、いろんな法人を経験し中途採用で働く方が多いのが特徴です。

こういったスタッフは、その法人でマニュアルがないことで「これまで培ってきた経験や、前職で学んだやり方が正しいやり方なんだ」と勘違いをしてしまいます。そして、そのやり方とは違うやり方をしているスタッフを見ると、「あのスタッフは間違ったやり方をしている」と、これも勘違いをしてしまいます。

人間関係には、さまざまな起因が生じて悪化してしまいます。ただ、そのなかにはこのようにやり方の不一致によって関係に亀裂が生じてしまうこともわかってきました。つまり、マニュアルをつくる理由としては、統一したスキルを身につけるためだけではなく、「人間関係構築のため」にマニュアルをつくるのです。

これからマニュアルの作成方法や、浸透させるための方法などを解説していきます。作成にあたって、今一度マニュアルの作成理由を頭に入れたうえで取り組んでみましょう。それは、スタッフの行動を縛り付けるわけでもなく、行動を制限させるわけでもありません。スタッフにとって、一番多く悩まれている「人間関係」を改善し、働きやすい職場環境づくりのためにマニュアルを作成するのです。

㉙ 全スタッフが理解させるためのマニュアル作成方法

全スタッフが理解できるマニュアルを作成する際に、大事なのが「基本的なマニュアルを目指すこと」です。介護医療現場では、さまざまなご利用者がいます。要介護度の違い、性格、価値観、年齢等々の違いがあれば、それだけ要望も変わり、提供サービスの違いも出てきます。それぞれのご利用者に合わせてマニュアルを作成すると、完成までに修正の繰り返しとなるでしょう。

そこで重要なのが「我々にとって大事なポイントは何か？」という点を理解し、職場全体に浸透させ、誰もが同じ考えのもと業務をすること。それには、土台となる「基本マニュアル」の作成が肝心です。

この基本マニュアルは、どのご利用者でも共通する考え・手順といったイメージでつくります。そのため、ベテランスタッフからすれば「当たり前ではないか」「何を今さら」といった懸念の声が出る可能性があります。ただ、これくらい初歩的なものまで落とし込んだ上で、作成することに意味があるのです。なぜなら、土台がない状態で応用へ目を向けてしまうと、スタッフ同士の息が合わず、それがきっかけで人間関係が悪化してしまう恐れがあるからです。

基本マニュアルのつくり方

この基本マニュアルは、運用して初めて、浸透し定着します。そのためには、どのスタッフが見ても「わかる」「理解できる」といった工夫が必要です。そこで、まず取り組みとして行いたいのは「写真を撮ってイメージを合わせる」こと。マニュアルは文章だけで記されていることが多く、言葉の受け取り方によっては、意味が変わってしまう危険性があります。その言葉を補完するためにも、写真が必要です。写真があれば、言葉のイメージを固定できるので、認識のズレをなくせます。

ただし、どの箇所にも写真を掲載すればいいというわけではありません。あくまで「認識のズレが起きそうな箇所」を中心に掲載してください。そして、その写真をもとに、大事なポイントをまとめた文章を載せていきます。掲載する写真は、プロのカメラマンに撮ってもらう必要はなく、スマートフォンでも十分です。最近では、高性能な写真編集アプリが提供されているため、必要に応じて写真をアップにしたり、見た目を変えたりして仕上げましょう。

掲載する写真が用意できたら、それに合わせたコメントを考えます。コメントでは、業務をする上で大事な点を中心に記載してください。これは、「理念」と線で結んでいくことにもつながっていきます。つまり、理念とマニュアルも線で結びながら作成していくのです。

またマニュアルに記載する際は、手順だけでなく、「なぜこの順番なのか？」「なぜこの業務をやるのか？」といった理由を入れましょう。

これまで自分流であったり、他の施設から学んだ手法だったり、とやり方がバラバラだった場合、いくら統一した内容をまとめたところで、「これは違う！」と反発し、マニュアル通りにやらない可能性があります。こういった事態を防ぐためにも、マニュアル内容に理由（つまり、理念に結び付けていく）を記載し、理解させていくことを重視しながら作成しましょう。

㉚ 冒頭は「我々のやり方は」

マニュアルとは、一般的に公表するものではありません。なので、自法人内で活用できることを前提に、細かい書き方を決めていきます。ただ、状況によっては、マニュアルの書き方が現場に影響するケースが存在します。それは、「判断に迷ってしまった」ときです。介護医療現場では、突発的な出来事や事故が起こることがあります。当たり前ですが、こうした事態は予測できないため、そのときの判断はスタッフに委ねられます。

ここで問題なのが、スタッフによって判断が違うこと。この際、役に立つのが「基本マニュアル」です。マニュアルによって、法人におけるルールを定められます。ただし、そのままマニュアルを書いても、説得力にかけるケースが多いです。

そこで、書き方に工夫を加えることで、説得力のあるマニュアルが完成します。その工夫とは、冒頭に「我々のやり方は」と入れること。介護医療現場では、正解が1つとは限らない業務がたくさんあります。

例えば、食事介助をする際に、とろみ剤を入れてからお茶を入れるのか、それともお茶を入れてからとろみ剤を入れるのか。どちらも正解といえるでしょう。ただ、これを野放しにしてしまうと、結局は「こっちも正解だからいいじゃないか」といって言い合いのもとになってしまいます。であれば、「我々はこちらが正しいやり方だよ」と示すために、冒頭に「我々のやり方は」と入れるのです。

また介護医療現場では、他の法人で経験した上で中途入社される方が多いです。以前の現場で培ったやり方を固視してしまいがちなスタッフにも、「前の法人でどうやっていたとしても、今はこの法人で勤務していることを自覚してもらう」ために「我々のやり方は」と入れる狙いもあります。

このように書けば、正解が複数存在する業務をする際に、「あれ？　このときは、どっちが正解だったかな？」と迷ってしまうスタッフを安心させることが可能です。また、今我々はこの法人で働いていて、この理念のもと業務に取り掛かっていくことが大事である、といった認識をもたらすことができます。

今の時代、ネット検索をすれば、簡単に介護手法が見つかります。さまざまな介助方法が動画で学べる時代です。そして、そのどれもが正解といえるでしょう。ただ、大事なのは「我々としての正解は何か」です。それを示さない限り、「ネットでは、こう書いてありました」「周りでは、こういうやり方をしていることを聞きました」となって混乱を与えかねます。我々のやり方を断定し、それを示すのには勇気も必要です。冒頭に「我々のやり方は」を入れ込むことは、勇気を言葉で示す効果的な方法ですので、ぜひやってみましょう。

㉛ 新人も巻き込んでおく

マニュアルの前提は、「全スタッフに理解・浸透させ、安心して行動を起こせるようにする」こと。ベテランスタッフだけが理解できる内容ではなく、新人スタッフにも理解できる内容が必要です。そこで、マニュアル作成の段階で「新人スタッフも巻き込んでいく」ことを意識しましょう。

ついついマニュアル作成となると、現場経験の長い管理者や、ベテランスタッフでメンバーを構成しがちです。ただ、この状態でできあがったマニュアルは、いつの間にか基本的ではなく、応用的な内容になることも。応用的なマニュアルの場合、難易度が高く、理解できないスタッフも出てきます。やがてマニュアル通りに業務ができず、現場にフラストレーションが溜まるかもしれません。そのため、マニュアル作成のメンバーに「新人を入れる」ことをおすすめします。マニュアルを見た新人が「これなら理解できる」というレベルまで落とし込むことが大切です。新人の目線は、それが基本的なのか応用的なのか、を見極める判断材料として適しています。

ただし、ベテランスタッフからすると、何か物足りなさを感じてしまうかもしれません。それは当然の反応であって、むしろ「本当にこれでいいの?」と思うくらい落とし込んでみましょう。それが「誰でも理解できる基本マニュアル」を作成する一歩なのです。

また、新人を巻き込むもう1つの理由は、「わかりやすさ」の追求です。

前述した通り、マニュアルは全スタッフが理解できなければいけません。新人目線はわかりやすさをつくる際に重要です。

ちなみに、必ずしも「新人介護医療スタッフ」を巻き込む必要はありません。例えば、事務スタッフであっても、介護医療業務を理解していない1人になるかもしれません。その意味では、他職種のスタッフにも巻き込んでつくり上げていくことも効果的です。

これまでマニュアル作成に携わってきた中で、ある法人では「事務スタッフ」にマニュアルを見てもらう機会を設けています。全く介護医療業務を理解していない視点で「この内容は理解できるかどうか」を判断するためです。

その際、「この言葉はどういう意味ですか?」「この業務とこの業務の間には、何をすればいいのですか?」など、介護医療スタッフでは気づきにくい盲点が見つかったおかげで、改めて作成したことでマニュアルの完成度が上がりました。そして運用する際、どのスタッフにも理解してスムーズに浸透していくことができたわけです。

マニュアル作成は、新人または他職種のスタッフを巻き込むことで、優れた内容に仕上がります。これからマニュアルを作成・見直しを行う場合は、新人または他職種の視点を加えてつくり上げていきましょう。

㉜ マニュアルを理解・浸透させるための方法

マニュアルは、作成しただけで終わりではありません。多くの方がマニュアルの作成に満足してしまい、理解・浸透させることがおろそかになっているケースが多いです。マニュアルをつくった後は、法人内に理解・浸透させる必要があります。

マニュアルの内容はスタッフによって捉え方が異なるため、スタッフの中には、頑なに行動を拒否する方もいるでしょう。残念ながら、これまでマニュアル作成の支援をしてきた法人のなかで、全スタッフが始めから前向きにマニュアルを取り組んだことは一度もありません。私は、それを当然だと思っています。なぜなら、これまでマニュアルがなかったことで「自分のやり方が正しい」を思っているスタッフがいるからです。

この状態でマニュアルを提示したところで、「自分のやり方を否定している」と思わせてしまいます。だから拒否をし出すわけです。ただ、このまま野放しにすれば、「マニュアルは無意味」と思わせてしまい、それが蔓延してしまえば、結果マニュアルを誰も見なくなり実践しなくなってしまいます。

そこで、マニュアルをつくって終わりにするのではなく、理解・浸透させるための工夫をいくつか紹介します。理解を深めてもらうことで、例えばマニュアルはスタッフが辞める原因の1つである、「人間関係」のトラブルを防ぐ役割があり、人間関係を構築する手段としても優秀だと認識させましょう。

説明会の開催

まず、マニュアルが完成したら「説明会」を開催しましょう。これには、「直接説明する場を設けること」や「法人全体の取り組みであることを強調する」といった狙いがあります。また、取り組みにおける熱意を伝えることで、行動を起こすきっかけを与えられます。

私がマニュアル作成の支援をした有料老人ホームでは、マニュアル完成発表会と打ち出し、全スタッフに周知する場を設けました。経営者だけでなく私自身も外部の協力者として説明をする場を設けたことで、参加された現場スタッフの姿勢も一段と変わったのを目にしました。

このように、マニュアルができあがった後に、どのような場で説明するか、またどう説明するかによってスタッフによるマニュアルのイメージが随分と変わっていきます。法人にとっての重要な取り組みである意思を伝えるうえでも説明会を開くことは効果的です。

人事評価制度との連動

続いて、人事評価制度の評価項目に「マニュアル内容」を入れ込みます。評価項目に入れ込むことで、実際に行動をしたことを振り返るきっかけにもなりますし、マニュアルに合った行動をすること自体が評価される、といった認識を持っていただくことにもつながります。ここにも、「マニュアル」と「人事評価制度」を線で結んでいくといった狙いがあるわけです。

またマニュアルは、一度読めば理解できると考える方は多いです。こうなると、マニュアルが一過性のものになってしまいます。これを防ぐためにも、目に触れる、振り返る、といった導線をつくる1つに、「人事評価制度の評価項目に、マニュアル内容を入れ込む」ことが効果的です。特に、多くの介護医療施設で、マニュアルを読むこと自体が「継続しない」といった悩みを抱えています。こうした悩みを解決するためにも、「マニュアル」と「人事評価制度」を結びつけましょう。

検定制度の作成

続いて、行動を定着させていくために、「検定制度」を設けることもおすすめします。マニュアル内容を理解し行動するだけではなく、それを教えることができる、また応用編のマニュアル作成に貢献する、などとステップアップに合わせて検定を設けるのです。

さらに、手当を設けると士気が高まり、より積極的になってくれます。

例えば、

- 5級　介助マニュアルを理解し、行動できている　○○円
- 4級　介助マニュアルを常に行動でき、指導することができる　○○円
- 3級　介助以外のマニュアルを理解し、行動できている　○○円
- 2級　介助以下のマニュアルを常に行動でき、指導することができる　○○円
- 1級　マニュアル内容をもとに、社内外で講師として活動できる　○○円

といった級ごとで条件を設定し、それに合わせて手当額を作成するのです。

動画につなげていく

そして、マニュアルを動画にして提供することも効果的です。これは、マニュアルを作成し浸透したうえで、更に定着する方法の1つと捉えておくとよいです。マニュアルは紙ベースで作成することがほとんどですが、動画によってより気軽にわかりやすく浸透させることができます。この際も、動画はネット検索すればたくさん確認することができますが、あえて自法人のスタッフをモデルに、自ら作成することに意義があります。

我々のやり方は、我々が決めるという方針のもと、1つひとつ「らしさ」を出した基本マニュアル動画が、浸透させるためのエッセンスとなっていきます。

また、動画の副次的な効果として、外国人スタッフに対する教育にも活用できる点があります。今後、外国人雇用も増えていくことが予想されます。日本語に慣れてもらうことも大事ですが、外国人だろうと同じ業務ができるように教育していく必要があります。

そこで、文章だけでなく動画で見て確認してもらうことで、やり方のズレを解消することができるわけです。外国人も同じスタッフであり、スグに辞めない職場づくりにおいて同様に念頭に入れておく必要があります。

このように説明会の開催や、人事評価制度の連動、検定制度作成、動画作成と、マニュアルを理解・浸透させる工夫をお伝えしました。マニュアルをつくるだけではなく、広い視野を持って、現場スタッフに理解・浸透させていきましょう。

■キャリアパスから人事ポリシーを明確にする

なぜ、キャリアパスが必要なのか

キャリアパスというと、特に介護業界にとっては「介護職員処遇改善加算Ⅰ」の取得によって作成されたところも多いかと思います。加算取得には、条件の１つとして「介護職員の任用の際における職位（役職）、職責または職務内容に応じた任用等の要件を定めること。そこに掲げる職位（役職）、職責または職務内容に応じた任用等の要件を定めていること」があります。これがいわゆるキャリアパスのことです。

当然、加算取得によって賃金引上げに繋がりますので、全国で約70％近くが加算Ⅰを取得されており、つまりキャリアパスを導入しているわけです。

さて、そのキャリアパスの必要性について。そもそもキャリアパスの目的は、法人の人材育成制度の中でどのような職務にどのような立場で就くか、またそこに到達するためにどのような経験を積みどのようなスキルを身につけるか、といった道筋を示すことです。見える化によって、スタッフにはステップアップのモチベーションを上げるのも必要性の１つと言えます。

現場の声として多く出ているのが「結局、勤務年数と年齢によって給与が決まっている」です。やってもやらなくても一緒ということになれば、人は残念ながら「やらなくてもいいでしょ」という感覚になってしまいます。行動と成果を上げることで給与に反映され、どうステップアップできるかが見えるとそれだけ継続して頑張るきっかけになります。スタッフが、自身のキャリア像を見つけるのにも効果を発揮するのがキャリアパスというわけです。

ただ、それ以上に大事になってくるのが「役職者の役割を明確化する」こと。なぜなら、多くの介護医療現場の声として「役職者へのマイナスイメージが強い」からです。私自身、介護現場にいたころは介護業務をすることに興味を持ち、介護スキルを高めて業務に励んでいこうとした身として、マネジメントが必要そうなリーダーという姿は想像がつかず、「なりたくない」と思っていました。ただ、さまざまな理由が重なり結局「リーダーになりたくないのに、なっちゃった」わけです。

このとき、自身がなりたくないと思ったのは、「そもそもリーダーとはどういった仕事をするのか」がわかっておらず、ただただマネジメントをしたり、面倒なことを押し付けられるのではといった固定概念を持っていました。こういった経験は、多くの現場にてヒヤリングをしていると、他の現場リーダーにも共感を得ました。それだけ、「役職者の役割が曖昧」であることが言えます。これが、「役職者になりたくない」という感情を広めてしまう原因の1つだとわかったのです。

キャリアパスは、ある程度の型はあっても、全く同じものはできません。法人によって、求められるキャリア像が違うからです。単に「頑張って役職者になってくれ」では、現場は動きません。何をしてもらい、そのためにどういったステップを踏んでもらうのか。明確にしていくことが、スタッフのモチベーションに繋がっていきますし、スタッフ間の連携が図られ働きやすい職場にもつながっていきます。そのことを理解したうえで、その具体的な方法を学んでいきましょう。

㉝ ワクワク感をもたらす「等級のつくり方」

キャリアパスは「役職に向かって上がっていく仕組み」にすることが大切です。例えば、一般からサブリーダー、リーダー、副主任、主任、課長、部長、施設長など。あくまで等級が上がるのは「役職というポジションに就くこと」が前提で作成します。組織である以上は各等級が必要になり、それによって役割・職務・賃金といった待遇も変わっていきます。キャリアパスは、各等級の内容とステップを示すうえで必要不可欠です。

ただし、これだけでは「柔軟性といった意味合いで時代にそぐわない」との意見も聞こえてきそうです。また多様性が求められる現代では、専門的なノウハウを突き詰めたいといった意見もあるでしょう。

そこで、「役職に就くことを目的とした一般コース」に加えて、「能力・スキルを高めることを目的とした専門コース」を作成してください。実際に現場では、「介護医療の業務をどんどん極めていきたい。ただ、役職に就きたくはない」といった要望が地域関係なく増えてきています。

現場スタッフの中には、役職に就くことがすべてではないという意見もあります。これまでは「役職＝やりがい」でしたが、多様性のある現代では、必ずしも役職が「自分らしさ」や「自分の目指す姿」とは限らないのです。現場スタッフの中には、役職に就いたことがストレスとなり、結果離職してしまう方もいます。こうした自体を防ぐためにも、現場スタッフにはいくつかの選択肢を用意するといいでしょう。

専門コースのつくり方

では、専門コースはどのような仕組みで動かせばいいのか。基本的に専門コースでは、「能力・スキル」の向上がステップアップにつながります。例えば、介護福祉士や社会福祉士、ケアマネージャー、レクリエーション介護士などの資格取得を条件にすることや、初任者研修、実務者研修、認知症介護研修、タクティールケア受講、喀痰吸引等研修などの研修受講を条件にしたうえで運用します。さらに、上位へステップアップするためには、能力・スキルに特化したものを「指導する」立場として位置づけるのもよいでしょう。

単に能力・スキルを身につけるだけでは、組織で働くうえで物足りません。法人としては、「後継者の育成」や「現場全体のスキル向上における担い手」として成長してもらうことも必要です。専門コースでは役職とは違って、全体をマネジメントするわけではなく、まずは自身の成長を前提として進めてもらいます。そして、最終的には外部講師としても活動することを目的としてもらえば、キャリアパスがワクワク感をもたらす仕組みとして機能します。

キャリアパスを作成したことで、現場スタッフのモチベーションが下がってしまったり、「一体どこを目指せばいいのかわからない」と混乱を与えてしまったりしては本末転倒です。その意味でも、キャリアパスには多様性が必要です。役職に就くことがすべてではなく、自分らしさを見つけてもらうためにも、専門コースという別枠も設けておきましょう。

ただし、これは運用上の注意になりますが、コースの選択肢をスタッフに一存することは避けたほうがよいです。場合によっては、専門コースに集中してしまい、役職の担い手が不足してしまうことも考えられるからです。

ある程度役職へのステップを踏んでいただくスタッフを設けながらも、専門コースは選考しながら決めることでバランスを考えていくことも1つです。ただ、当然職場に蔓延している「役職者は大変」といった声に対しては、しっかり配慮することも法人として求められていることは意識しておきましょう。

㉞ 求められる「能力の洗い出し」

キャリアパスでは、役職ごとに役割が変わっていくため、それに応じた「能力の洗い出し」が必要になります。そのため、「どの役職に何を期待しているのか」という点を明確にしていきましょう。

ここで注意すべきなのは「具体的」にすること。例えば、主任の役職に、「部下の管理をする」という能力がある場合。部下の管理といわれても、抽象的で何をすればいいのかピンと来ません。

実は、ここにスタッフが迷ってしまう・混乱してしまう原因が隠されています。もし、主任の役職に就いたスタッフが、経験年数が長いからといった理由で役職に上がったのではないかと思ってしまったなら、「私には、役職に就くような能力などありません」と辞退してしまいかねません。そこで、「部下の管理とは具体的にどういったことなのか」を示すことが大事なのです。

キャリアパスを作成する際に、数多くの洗い出しを行えば、それだけ役職っぽいように見えます。ただ、こうした見せかけは上層部の都合でしかありません。本来なら、数は少なくても「何を伝えようとしているのかがわかる」「どういった行動を取ればいいのかわかる」ところまで示せるような「質」にこだわる必要があります。例えば、部下の管理についての能力なら、「部下の行動を観察し、業務において困ったことがあった際に「何か困ったことでもある?」と声掛けができるような体制を整えている」「法人からの指示や業務内容の変更などについて、それに至った理由を伝えたうえで、部下に指導ができる」など。

他にも、経営幹部についての能力なら「法人の中・長期事業計画立案に際し、課題とその対応策を企画し提言できる」「危機管理の視点を持ち、改善における周知を言葉と文章の両面で徹底させることができる」などがあります。

いずれも、「部下の管理」「計画の立案」「危機管理の周知」だけで終始してしまえば、具体的に何をすることで能力があるとみなされるのかがわかりにくいです。

役職ごとの能力は、「どういった行動なのか」「どういった姿勢なのか」を示すことで初めて理解できます。求められる能力を理解させるには、数ではなく「質」にこだわり、それが具体的であるかどうかを判断してください。

㉟ 何をすればいいのかがわかる「職務定義・分掌」

役職ごとの能力を洗い出した後は、「職務定義・分掌」を定めます。「職務定義・分掌」により、職務の役割を定義し、分掌を明確にすれば、スタッフは迷いなく仕事ができます。もし、役割の定義や分掌が曖昧だった場合、スタッフは何をすればいいのかわからず、悩みを抱えてしまうことでしょう。

介護医療現場は、「ひとつ屋根の下で多職種が連携を取りながら業務を行う」ことが特徴であり、それぞれが役割を担っていかなければ、満足のいくサービスは提供できません。つまり、役割の定義が必要となります。スタッフが互いの役割を理解していなければ、「この業務は誰がやるの？」と混乱し、連携がままならなくなってしまうことがあります。

実はこれまで、こういった事態によって関係性が悪化し、働きやすい環境からほど遠くなってしまった法人を数多く見てきました。例えば、こんなケースを見てみましょう。業務が立て込んでいる介護スタッフのＡさんがいたとします。彼女は、すべての業務に手が回らず、たまたま通りかかった看護師のＢさんに声をかけました。Ａさんが「すみません、少し手伝っていただけませんか？」と声をかけると、Ｂさんは「それは私の仕事じゃないのでできません」といい、そのまま歩き去ってしまいました。

いかがでしょうか。読者の方のなかには、同じような経験をされている方も多いはずです。一見、看護師のＢさんがわがままで自分勝手といえばそうかもしれません。ただ、そもそも介護スタッフの仕事とは？　看護師の仕事とは？　という点を理解できていないため、「それは私の仕事じゃないのでできません」といったことも考えられます。

このケースでいえば、介護スタッフのAさんと看護師のBさんの立場が変わったとしても、同じような会話が展開される可能性は高いです。だからこそ、今一度「介護」「看護」「生活相談員」「ケアマネージャー」「管理栄養」「事務」「医師」「理学療法」「作業療法」など、職務ごとの定義を明確にしておくことが大切です。

当然、そこには法人の「理念・ビジョン」が関係するため、ただ介護医療スタッフは何でもやるものではなく、何をやるのか、どこまでをやるのかを明確にしていきます。加えて、他の職種でも、連携を図ることを前提にした定義を明確にしていくのです。

私が以前、特別養護老人ホームで生活相談員として従事していたとき、生活相談員は何でも屋のような位置づけでした。そのため、ご利用者の居室の電球を変えるなど細かい作業を行っていました。もし、こうした業務について「本当にこれは自分の役割なのか」と迷ってしまったなら、一体どんな心境で働いていたのだろうと感じます。

役割への迷いが業務に支障をきたし、それが周りとの連携を阻害。その後、ストレスを抱えることになり、やがて離職につながってしまうかもしれません。職務の定義は、迷いなく仕事をするために必要不可欠な決まりです。また、職務の定義を明確にしたうえで、分掌という形にして明文化しておくことも大事です。

さらに、その分掌では、業務ごとにおける連携の流れを明確にしてください。例えば、この業務については「誰に相談すればいいのか」や「誰が決定権者なのか」といった点を明確にします。図にすると、ロジックツリーのように作成をしていくと見やすく効果的です。職務定義・分掌の明確化は、スタッフが何をすればいいのかという行動指針になります。現場の連携を図るためにも、職務定義・分掌の明確化を行ってください。

■教育プログラムから意識統一を図る

なぜ、教育プログラムを作成する必要があるのか

研修体制やＯＪＴにおける取組みなど教育プログラムを作成している介護医療施設は多いかと思います。そのうえで改めて、教育プログラムを作成する必要性は年々問われています。

まず、就職活動をしている求職者が介護医療施設に求めているものの1つに、「教育制度の充実さ」を重視している傾向があるということ。これは、資格取得支援によってキャリアアップを図れるかどうかといった視点もありますが、成長が見込めるところなのかの見極めに教育制度が充実しているかどうかで判断しているのも特徴です。

実際に、介護医療業界に興味を持っている専門学校の学生より相談を受けていると、「給料や待遇だけでなく、そこでどういった働き方ができ、自分が成長できるのか」といった声をよく耳にし

ます。それだけ、ただ働くのではなく「成長」というモチベーションも備わっている環境が大事ということです。その意味でも、教育プログラムは採用活動においても必要性が高いものであるといえます。

また、現場においても必要性が求められています。法人自体が教育に熱心である一方、気になる外部研修や教育内容を手あたり次第に取り組もうとしているところも見受けられます。いろんな視点でスキルを上げるのはよいことですが、統一感がない取り組みは、現場スタッフを混乱させてしまいかねます。「一体、この研修を受けて、現場で何を活かせばいいんだろう」「これって、今やる必要がある教育なのだろうか」などといった疑問を持たせてしまうと、それだけ教育における姿勢やモチベーションも変われば、教育効果も半減してしまいます。

大事なのは、現場は何を望んでいて、法人としても何を求めているのか。これを見極めたうえで、目的がはっきりとした教育を、「プログラム」という形で示してあげることです。

場合によっては、数をこなすよりも内容を絞ってプログラムを作成し実行したほうが、現場にとってはわかりやすく実行しやすくなるかもしれません。ある医療法人では、一定期間テーマを決めて、それに集中した教育プログラムを策定していました。テーマを絞ることで、プログラムのつながりが理解でき、効率的に学べるという利点もあります。

いずれにしても、法人内における現状を把握していきながら、現場に合った教育プログラムを作成していくことで、現場の意識統一やモチベーションにつながっていきます。

㊱ リーダー育成が８割

教育プログラムを策定するにあたって、まず「新人スタッフに対する教育」に取り掛かるところが多いです。新人スタッフは、法人について知らないことが多く、一からの指導が必要になります。法人にとって、新人スタッフへの教育は大切であり、しっかりと教育プログラムを策定することで、指導方針を決められます。

ただ「新人スタッフに対する教育」の前に、時間をかけてつくり込まないといけないのは「リーダー育成」です。そもそも、指導する側であるリーダーが統一した考えを持ち、同じスキルを提供できる体制を整えないと、新人スタッフに教えることができません。これは当たり前のことですよね。加えて、リーダー育成は人間関係を構築し、離職率を軽減させる効果を発揮する重要な一面を持っています。

介護医療施設の新人やその他スタッフへ「普段仕事をしていて判断に迷ったとき、どうしていますか？」と質問すると、決まって出てくる返事が「リーダーに相談します」あるいは、「リーダーの行動を見て真似ています」といったものです。つまり、リーダーが模範となって新人が動いているといえます。そのため、新人スタッフを教育する前に、まずリーダーを育てることが何よりも重要なのです。

数多くの介護医療施設が抱えている悩み事に、「リーダー候補になる方が見当たらない」「リーダーになっても育たない」「リーダーがその先へ突き抜けていかない」などがあります。各環境によって条件が異なるため、常に現状の中で改善していくことが大切です。ただ、現実として新人教育は充実しているのに対し、リーダー育成には時間も労力もかけていない、という現場はよく見受けられます。

それはなぜなのか、もう少し原因について掘り下げていくと、ある考えが見えてきました。「リーダーだからこれぐらいやってほしい」や「リーダーだから自分で積極的に学んで行動してほしい」といった考えが根底にあったのです。つまり、現場のリーダー育成が阻害されていた原因は、「教育せずとも育ってほしい」という一方的な考えによって成り立っていました。

リーダー育成の研修とは

「本物のリーダー」を育てたいのなら、新人教育と同程度、あるいはそれ以上に時間と労力をかけなければいけません。そのために意識すべきことは、手当たり次第に研修へ行かせるのではなく、「リーダーを育てたい！」という事実を見える化していくことです。

どういったスキルを高めてもらい、どういった役割を担ってもらい、どういった行動を起こしてもらいたいのか。こうした考えが特に重要です。例えば、新人リーダーには「伝えるスキル」と「観察するスキル」を身につけてもらうために、「承認スキル」を身につける研修を受講してもらう。

中堅リーダーには「場をまとめるスキル」や「意見を吸い上げるスキル」を身につけてもらうために、「コーチングスキル」の研修を受講してもらい、さらにリーダー間でトレーニングをする時間を設ける。

上級リーダーには「現場管理スキル」や「経営数字を理解するスキル」を身につけてもらうために「経営力向上」の研修を受講してもらい、実際に部署内の経理を経験させる、といった目的別の研修プログラムを作成していきます。

仕組みさえできていれば、それだけリーダーになるスタッフも迷うことなく、行動ができるということです。あくまで1つの例ですが、ある程度教育についても「極端」にしていくほうが、現場にとってわかりやすい習慣になるのではないでしょうか？

㊲ 人間関係構築プログラムの策定

介護医療現場でよく取り入れられている研修というと、「介助スキル」「感染症対策」「認知症対応」「リスクマネジメント」などがあります。これは、ご利用者の「からだ」にフォーカスした研修です。

一方で、ご利用者の「こころ」を中心とした研修はというと、とりわけ少ないように感じます。当然、ご利用者の身を守り、適切なケアを継続するためには、スタッフのスキル向上は不可欠です。

ただ、目に見えるスキルだけでなく、こころを向上させていくことも「よりよいケア」をするうえでは同じぐらい欠かせません。なぜならご利用者は「何をしてもらいたいか」よりも「誰にしてもらいたいか」を見て、サービスの満足度を判断しているからです。そして、その判断は決してスキルだけではなく、こころが伴っているかどうかの判断が含まれているわけです。

そのため、これからの時代「ご利用者のからだをケアする能力・スキル」に加えて、「ご利用者のこころをケアする能力・スキル」が必要になっていきます。

では、「こころ」を中心としたプログラムとはどういったものなのか？　その1つに、「人間力向上」を目的としたプログラムがあります。ここでいう人間力とは、「人間性＋形」と定義づけます。どんなに素晴らしい人でも、相手の「こころ」を直接見ることはできません。「表情、態度、所作、言葉、行動」といった形に表さない限り、外からはわからないのです。極端な書き方になりますが、たとえ優しい心を持っていたとしても、無言で笑顔もなかったら、その心はないのと同じです。「人間力」とは、「やさしい心」「思いやりの心」「人を愛する心」、これらの素晴らしい「心」を、正しくわかりやすく「形」にして伝えることができる力のことを指します。また、この人間力を高めることは、ご利用者相手だけでなくスタッフ同士の人間関係構築にもつながっていきます。

人間力向上が人間関係構築につながっていく

では、なぜ人間力を高めることが、「人間関係構築」にもつながっていくのか。それは、正しい表現で相手に伝えることで、ご利用者だけでなくスタッフ同士の意思疎通が図れ、誤解が生じなくなっていくからです。

心を形にして表すとは、「感謝」「反省」「喜び」を形として表すことでもあります。お互いに「何を考えているのかわからない」「本心が見えない」などが重なると、お互いのコミュニケーションが疎かになり関係性が悪化してしまいます。大事なことは、「自分さえよければ大丈夫」「自分の都合のよいように働こう」という考えを捨て、どうやってお互いに気持ちよく働けるかという観点を持つことです。

人間力向上における「自己反省の心」とは

そこで、具体的な人間力向上をイメージしていただくために、誰もが苦手とする「自己反省」について解説していきます。人間何かミスをすると「相手の伝え方が悪かった」「そもそも聞いていない」「相手がやるものだと思っていた」などと考えてしまいがちです。

その例えとして、

「人は転ぶと　　坂のせいにする」
「坂がなければ　石のせいにする」
「石がなければ　靴のせいにする」

結論：人はなかなか　自分のせいにしたがらない

いかがでしょう？　本来、ただ反省すればいいものも、責任転嫁を行うと、いつまでも終わりません。

人間関係の揉め事は、ほぼすべてに共通していますが、「他人を変えようとすること」から始まります。これがまさしく「常に正しいのは自分で、相手が悪い」というのが原因です。だからこそ、自己反省が大事なのです。

本当に、自分は正しいのか。間違っているところは一切ないのか。その中で、「自分から変わることで解消できないか」という視点を持つことが必要です。自己反省は、自分を知り、自分が変わり、自分を信じることから培うことができます。その力は、やがて心のゆとりを生み、揉め事を解消する糸口となるでしょう。

自己反省の好循環を生むためにも、「人間関係構築プログラム構築」は「介助スキル向上」と同じぐらい時間をかけて策定していくことをおすすめします。というのも、介助スキルは直接業務に関わるため重要視しがちです。ただ、成果が見えにくくても人間関係構築はやがて離職率低下や定着率向上といった効果も出てきます。スタッフのスキル向上だけでなく、こころの向上にも教育プログラムを加えてみるのはいかがでしょう?

㊳ メンタルケアプログラムの策定

介護医療スタッフの中でも、特に心配になるのが「メンタルケア」です。というのも、いくらスキルを学び、個々の能力が高まったとしても、そこに「心の余裕がない」「自信がない」といった気持ちがあると、前に進んでいきません。

独立行政法人労働政策研究・研修機構が実施した「職場におけるメンタルヘルス対策に関する調査」によると、産業別でメンタル不調者を分類すると、医療・福祉で76・6%ともっともメンタル不調者のいる割合が高いことがわかりました。人を相手にする仕事である以上、スタッフ含め多くの相手にすることでのメンタル不調が主な原因だと考えられます。

実際に、全国の介護医療施設へお伺いし、現場スタッフに直接ヒアリングさせていただくと、メンタルにおける不安をよく聞きます。人は、不安が高まると、些細なきっかけで落ち込んだり、苦しんだりします。いつかこうした感情が溢れれば、最終的には離職という形になるかもしれません。

メンタルケアというと、休みを与え落ち着かせることを重要視しますが、教育にメンタルケアを取り入れるとなると、「自分を知るきっかけを与え、相手を知る機会を設ける場」として、「メンタルケアプログラム」を策定すると効果的です。

先ほどの現場の声にもあるように、「心の余裕がない」「自信がない」理由に、自分のことを知らない・相手のことを知らないことでの不安が多く関わっています。そのため、シンプルに自分を知ることと相手を知ることで心の余裕と自信を持つ。それがメンタルケアにおいても有効に働いていくわけです。

例えば、不安を抱えたスタッフに「元気出せ！」「しっかり休んでね」と声をかけても、根本的な原因は取り除けません。そもそも、なぜ自信がないのか、なぜ心の余裕がないのか、という点に注目していないからです。メンタルケアプログラムがあれば、「自分を知る」、そして「相手を知る」という機会を与えられます。

具体的には、

「自分の強み、個性、こだわりは、どういったものがあるのか？」

「過去を振り返って、どんなときにモチベーションが上がり、逆に下がったのか」

「過去に関わった上司や先輩で、心に残った関わり方はあるか？」

などといったことを振り返ってみるとよいでしょう。そこから、自分を知ることで、「どうすれば、自分の場合好転するのか」が理解でき、そこに「心の余裕」が生まれます。

また、弊社では、デライトコンサルティング株式会社が開発提供している「持ち味カード」を使ったワークを取り入れてプログラムの支援をしていることが多いです。やり方は至ってシンプルです。いきなり「あなたの持ち味は何ですか？」といっても、「私には持ち味などありません」と言われるのがオチです。

ただ、「あなたの持ち味をカードから選んでください」と言ってみると、人は必ず選びます。そして選んだあとに、「なぜ、これだけあるカードの中から、このカードを選んだのですか？」と質問してみると、人は必ず理由を言います。この繰り返しの中で、自身の持ち味を発見することができ、選んだ自分自身が一番驚いているといった現象が起きます。そのほかにも、自分自身の持ち味を見つけるだけでなく、周りのスタッフの持ち味を探すことも効果的です。

ここもカードの利点が出てくるのですが、いきなり「相手の持ち味は何ですか？」といっても当たり障りのない抽象的な返事が来るのがオチです。ただ、「相手の持ち味をカードから選んでください」と言ってみると、人は必ず選びます。そして選んだあとに、「なぜ、これだけあるカードの中から、このカードを選んだのですか？」と質問してみると、現場で見た具体的なエピソードや体験を通して相手の持ち味を伝えあっていきます。すると、伝えた側も受け取った側も驚いているという現象が起きます。

人は、自分に持ち味があるとわかると、「自分も捨てたもんじゃないな」「自分にも貢献できる力があるのかもしれない」などと自信を取り戻していきます。そこで、心の余裕が生まれることで、周りとのコミュニケーションが活発になったり、自信を持ってスタッフに指導をできたり、ときっかけを与えることができるわけです。

人を相手にする介護医療現場では、当然能力・スキルも大事です。ただ一方で、現場スタッフから聞こえてくる「心に余裕がない」「自信がない」を解消するようなプログラム策定も、働きやすい環境づくりには必要不可欠になります。

ちなみに、この「持ち味カード」は一般でも購入可能なので、ぜひ参考にしていただければと思います（持ち味カードと検索していただくと上位表示されます）。

㊴ 研修は、教育プログラムと組み合わせる

教育をする上で、内部外部問わず研修を実施する法人も多いでしょう。ＯＪＴのように、仕事をしながら教育をすると同時に、一度現場から離れた環境で集中して教育を受ける上で、研修によるメリットは生まれています。

ただ、研修自体に効果はありますが、あくまで研修は「学び」の場です。実践して初めて学びが身につきますので、そのためには学びと実践を組み合わせるように教育プログラムを構築していくことが必要です。そして、これもスタッフのモチベーションを上げる取組みにもつながっていきます。

研修のみの場合、多くの介護医療施設の悩み事として「外部の研修に行かせても、全然効果が見られない」があります。時間と費用をかけて学びを持ち帰ってもらったのに、それが現場で活かされていないように見える。これが、経営側からの見方で多い悩み事です。

一方、研修を受けたスタッフ側からすると、学びを得て帰ってきても、それをどう活かせばいいのかわからず、モヤモヤしたまま業務に励んでしまいます。すると、学びを活かせないことでも苛立ちや、結局自分はダメな人間なんだと落ち込んでしまうといった悪循環に陥ってしまいます。

社内研修のすすめ

こういった状況を防ぐためにも、「研修で学んだことを、実践する場・活かす場を設ける」ことが大事です。代表的なものとしては、「社内研修」ですね。外部研修で学んだスタッフが講師として、今度は現場スタッフに教えるということです。実は、教えることこそが最大の学びになります。

私の現在事業の1つに「研修講師」があります。介護医療施設のスタッフ向けに合同研修や集合研修を展開しているのですが、講師側からの視点でいうと、「受講者を教えるためには、知識をどうまとめて、わかりやすく、実践しやすく伝えていくか」を常に考えます。この事前準備や本番での取組みが、まさしくこれまでの学びを形にしており、体系化していくことで自分自身の学びを深めていくのです。そのため、社内研修を教育プログラムとして組み合わせることも、１つの人材育成となり、スタッフのモチベーションを上げる取組みとなっていきます。

また、外部研修を現場に活かすために、社内でプレゼン大会を開催することも効果的です。多くの介護医療施設では、社内での実践報告会といった取組みをされているのを見受けられます。この実践報告会とは違って、プレゼン大会とは「これから、○○の学びを現場で××として活かしていきたい。そのためには、みんなと△△しながら取り組んだらいかがでしょう？」といった、これからの取組みを提案する場になります。まだ始まってはいなくても、提案する場を設けることも学びを活かす場づくりや、学びを持ち帰ったスタッフのモチベーションづくりには最適に働きます。

そして、この大会を有意義に進めるためにも、プレゼン能力を高める研修も必要になります。介護医療現場では直接的に活かされないと思い教育プログラムには組み込まれにくいのが現状ですが、人は「上手く伝える」「みんなを巻き込むことができる」ことを実感したときに、モチベーションが上がっていくものです。実際に、教育プログラムを構築する支援をさせていただくとき、「プレゼンスキル向上」を組み入れている介護医療施設も、ここのところ増えてきています。現場で使わないと軽視するのではなく、重要な取組みだと認識したうえで、プレゼン能力を高める研修をして、社内でプレゼン大会を開催することをおすすめします。

これまで研修後の取組みについてお伝えしましたが、そもそも、研修では「わかる」ことはできても「できる」ようにまではなりません。研修で「なるほどな」と思ったとしても、研修の翌日には、学んだことの半分くらいは忘れてしまいます。それは、感情が冷めてしまうからです。冷めさせないたった1つの方法は行動することのみ。だから、スタッフの研修受講後に大切なことは、そのスタッフの研修に対する満足度を確認することではなく、スタッフが研修で学んできたことを実践する「場」を与える教育プログラムが必要です。

例えば、研修で学んだスキルを実践し、それを発表する「実践報告会」といった場を設けることも効果的です。これは、1人で取り組み報告するだけでなく、チームで共通スキルを学び、実践し合い報告するというケースでも構いません。研修というインプットをする場があっても、それをアウトプットしていかないとスキルは定着しません。その報告する場として、有効に働きます。余談になりますが、ただ報告する場というのは勿体ないので、「競う」場として活用されるとより効果的です。それもあって多くの介護医療施設では、「経営発表会」と結び付けて実践されているところがありますので、参考にされるとよいでしょう。

このように、「わかる」から「できる」ためのステップに実践報告会というアウトプットの場を設けることで、更に「いつでもできる」「教えられる」というステップを踏んでいけることができます。教育プログラムには、インプット・アウトプットとの流れも意識していただき日々改善していきながら進めていきましょう。

第4章　スタッフのモチベーションを上げる評価、指導法とは
～スタッフが納得・満足する人事評価、部下指導の秘訣

■採用にも人材定着にも、人事評価、部下指導は大きく関わっている

現場スタッフのモチベーションの変化を左右

スタッフのモチベーションを上げて、スグに辞めない職場づくりをするためには、「人事評価」は欠かせません。介護医療業界への就職を希望している求職者からヒヤリングをしていても、選ぶ基準に「人事評価」もあると聞くことが多いです。

それは、評価が上がると賃金も上がるといったモチベーションにつながるだけでなく、そもそも日頃の行動を見て評価してくれること自体にモチベーションが上がるためとのことです。

また、現場スタッフで離職される方の離職理由に、「人間関係」が最も多いことは以前にも伝えましたが、ここ最近顕著に多くなってきた理由に「適正な評価」があります。これは、制度の仕組み自体に不満があるのではなく、「自分をもっと見てもらいたい」「自分の頑張りを評価してほしい」といった不満から離職につながっているケースが多いのです。

そのため、人事評価をどう運営していくか、どのような仕組みを導入するかで、現場スタッフのモチベーションも大きく変化していくことが言えます。

また、それに応じて「部下指導」についても、モチベーションを上げる大きな要素です。いわゆるＯＪＴに関して、これまで多くの介護医療施設でも取り組んできていると思います。ただ、その

指導方法が果たしてモチベーションを上げることにつながっているのか、はたまた単に教えていたり「背中を見て学べ」といった疎かな指導方法になっていないかが問われています。

指導方法が適正に行われないことでスタッフに不安を与え、やがて自己流のやり方が蔓延してしまい、結果働きにくい環境という印象から離職につながってしまう危険性もあります。ただ教えるといった環境が、今後の採用にも定着にも大きく関わっていくことを改めて認識したうえで、これから部下指導における秘訣についても解説していきます。

■人事評価制度は人間関係構築のためにつくる

㊵ 介護医療施設ならではの、評価項目のつくり方

介護医療施設で評価項目を作成する場合、他業種に比べて苦労する方が多く見受けられます。例えば、営業職であれば「どれだけ新規受注したか」、製造業であれば「どれだけロスの比率を下げたか」で評価できますが、介護医療施設は、ご利用者が増えたといっても、それが誰の成果なのか判断しにくいです。

またご利用者の満足度や継続率についても、それが1人のスタッフによるものか、全体によるものなのか、根拠が見つけられません。介護医療施設は、他業種に比べて「数字」で表せる評価が難しいのです。そのため、適正な評価ができず、それによって評価制度の運用がままならない現場は

少なくありません。

そこで、数値だけを意識するのではなく、「具体的な行動を行っているかどうか」といった、行動項目を重視する評価制度を導入しましょう。弊社では、こうした行動項目を「モデル行動」と呼んでいます。ご利用者、またはスタッフ同士で接する中で、「感動する行動とは何か?」を具現化し、それを評価項目として挙げてみましょうという試みです。

例えば、「ご利用者1人ひとりに目線を合わせ、温かい言葉掛けをしている」という行動を推奨しているとします。こちらをさらに感動的なものにする場合、「ご利用者1人ひとりに手を握る等のスキンシップを図り目線を合わせ、温かい言葉掛けをしている。(例:ゆっくり寝ましたか?ご飯は全部食べられましたか? 痛い所はなかったですか? 等)」という行動が考えられます。

評価項目の具体化

評価制度では、こうしたモデル行動を実際にやったかどうか判断するわけです。この際、目に見えてどういった行動なのかがわかるぐらい具体的に挙げることがポイントです。「笑顔」といっても、人によっては「ニヤッと笑う程度」かもしれませんし、「大声で笑うこと」だと捉える方もいます。また「常に」といっても、1日に1回なのか、1週間に1回なのか、人によって違いますよね。こうした認識の違いによって判断が分かれてしまうと、それだけ評価もしにくいです。なので、行動1つひとつを具体的にしておくことが重要です。

さらに行動項目だけではなく、成果（結果）による項目を入れ込みたいといった要望もよく聞きます。例えば、「研修参加回数」「資格取得」といった能力向上における評価を入れ込めば、法人にとってプラスに働くことが多いです。さらに、「イベント企画・提案」も有効です。サービス業でもある介護医療施設では、多くのイベントが開催されています。こうしたイベントで何らかの役割を担い、トラブルなく遂行できたかどうかも評価として入れ込むとよいです。

ここまで紹介した行動・成果（結果）・イベント企画、提案を中心に評価項目をつくることについてですが、介護医療施設の評価項目に正解はありません。自法人がやりやすい形で基準をつくってください。ただし、適当にネットから探した項目をそのまま当てはめても、有効な運用にはなりません。大事なのは、自法人にとって「どんな行動をしてもらいたいのか」「どういった成果を上げることが法人にとって評価すべきか」を明確にすることです。その上で今回のような「モデル行動項目」「成果項目」をつくり上げていくことが、働きやすい職場環境につながります。

㊶　リーダー育成につなげておくこと

人事評価制度の運用において、「評価項目づくり」や「賃金制度」は大事な要素です。ただ、これ以外にも評価制度の運用におけるポイントが存在します。それは、「リーダー育成」です。制度運用において継続して関わるのが評価者であり、担い手であるリーダーです。そんなリーダーが「評価するポイント」と「判断基準」を合わせておくことが求められます。

そこで、おすすめしているのが人事評価制度運用に合わせてリーダー育成の仕組みをつくっておくことです。制度運用の中には「目標設定」「評価項目の見直し」「評価期間」「評価シートの記入」「評価面談」「評価決定」「賃金反映」などといった流れがあります。

その1つひとつに、リーダー育成のプログラムをつくってみましょう。これは、ある100名規模の社会福祉法人で取り入れているものですが、年間のリーダー研修プログラムに、評価制度運用における スキルを高める内容を入れ込んでいます。

・目標設定
↓ 目標を決めるためのコーチング研修
・評価項目の見直し
↓ 推奨する行動の洗い出しワーク習得研修
・評価期間
↓ 部下を観察するポイント習得研修
・評価シートの記入
↓ 評価ポイント基準策定研修
・評価面談
↓ 面談におけるスキル向上研修
・賃金反映

↓　法人経営・経理知識向上研修

といった研修になります。いずれも、運用におけるポイントでリーダーにどう関わってもらい、どのスキルを活用しながら運用してもらうのか。それを網羅した形で育成を図っているわけです。

このように、人事評価制度はリーダー育成につながる取組みとして格好の制度です。そのため、別にリーダー育成のための研修をやるよりも、すべてを人事評価制度とつなげて、育成プログラムを策定するほうが効率的といえます。

㊷　評価ポイントだけは共有しておく

評価制度を運用する際は、「評価者の評価ポイントを合わせておくこと」が重要です。なぜなら、評価者によって評価が分かれてしまうと、スタッフによっては「あのリーダーは、評価が厳しいから一緒にいたくない」「あの主任は、毎回高い評価をしてくれるから好き」といった好き嫌いが起きてしまうからです。

こうなると、制度自体の運用がままならず、スタッフの不満が噴出してしまいます。私自身、多くの評価制度を構築してきましたが、運用において一番多く出る課題が「評価者の不明確な判断基準」です。

誰しもが同じ価値観で物事を捉えるわけではないので、言葉1つとっても違いが出てきます。そこで、完璧に合わせることは難しくとも、基準を揃えておく必要があります。評価項目によっては、

「常に」「お客様」「自ら」などと、人によって判断が分かれそうな言葉が出てくるかもしれません。

この場合、

・「常に」とは何割を指すか？

・「お客様」とは誰のことを指すか？

・「自ら」はどこまでできれば認められるか？

など、判断できるような基準を設けることが大切です。これには、絶対的な正解はありませんので、評価者同士で決めておきましょう。また、項目全体についても、

・すべての項目で割合を統一するのか？　例）すべての項目で8割できていればよい。

・項目ごとに割合を変えるのか？

などといった判断基準を設けることで、「何をもってOKと言えるのか」を決めておくのも大事なことです。

また、一度決めた判断基準でも、随時見直しは必要です。実際に決めたことを基に評価をした結果を、評価者同士で確認する場は必要でしょう。誰が甘めに評価しているのか、どういった経緯で厳しく評価をしたのか。実際に、共有することでわかることがたくさんあります。厳しい＝ダメ、甘い＝よい、といった正解探しをするのではなく、「基準に曖昧な点がなかったか」「進めていく中で、迷ったり躓いた点はあったか」といった議論を重ねて、評価者全員が同じ方向で評価ができるように帳尻合わせをすることも大切です。

厳しく見るのも、甘く見るのも、それぞれ間違いではありません。ただ、それを評価者任せにすると、信頼関係の度合いによって、スタッフの満足度は大きく変わっていきます。それによって評価者自身のストレスとなり、「嫌われたくないから評価者になりたくない」といったことも起きてしまいます。漠然と信頼関係を築けば解決するわけではなく、結局は人が評価をするということを今一度理解しておきましょう。評価者によって全く違う判断をしてしまわないように、お互いすり合わせをしておくことが大事です。

■評価面談が８割

㊸　評価面談は、相手を認める場・納得する場

介護医療施設の中でも、特に介護事業所では「介護職員処遇改善加算」の関係もあり、人事評価制度を導入しているところが多いです。ただ、その人事評価制度をどのように作成し、どう運用しているのかは、現場ごとに異なります。多くの介護医療施設では、人事評価制度のもと、正しく評価しています。ただし、中には「査定」という形で何となく評価する現場も少なくありません。数々の現場を経験している身からすると、これはとてももったいないことです。なぜなら、人事評価制度は人材育成の仕組みができる格好の場だからです。

これは、「㊶リーダー育成につなげておくこと」でも書いた通り、

・目標（個人、チーム含め）を掲げ
・評価期間に実践し
・評価シートを使って振り返り
・評価面談で行動・成果を認める

など簡易的ですが、この繰り返しをするのが人事評価制度といえます。

いずれにも、人材育成のエッセンスが入っていることがわかります。目標という統一した意思で行動の明確化を図り、評価期間中に評価者を「観察」しフォローする。評価シートで、「何を」「どれぐらい」できているのか確認し、これまでの行動・成果を面談で伝えて承認欲求を満たす。これが、人事評価制度の流れです。また、人事評価制度はキャリアパスとも連動します。

キャリアパスは、

・誰が
・どうなってほしいから
・こういったスキルを
・いつまでに身につけてほしい

が示されているものになります。その示したことに対して、

・予定通りに進んでいるのか
・できているか（身に付いているのか）

をチェックする。これも人事評価制度の役割です。いずれも人事制度の重要な視点といえるでしょう。

そして、特に人事評価制度で重要視しているのが、「評価面談を徹底的に取り組んでください」ということです。評価面談は、「相手を認める場、納得する場」として位置づけ、評価期間における行動・成果を認めていくものです。極端な話、評価結果は二の次で構いません。もちろん、評価を伝えないと、相手は結果を把握できないため、伝えるには伝えます。ただ、あくまで面談では、最後にチラッと伝える程度。つまり残りの時間は、とにかく相手を認める、つまり承認に時間を費やします。

多くの人は「自分の存在を認められたい」「自分の行動を認められたい」「自分の成果を認められたい」など、何らかの承認欲求を持っています。例えば、

「自分の笑顔がご利用者の喜びに繋がっている」
「自分の指導によって新人は安心して仕事ができている」
「自分が関わった外出企画がうまくいったから、大好評になった」

など、こうした事実を知ることで、次のモチベーションへとつながり、自発的な行動を促す効果も期待できるのです。ただ、それを日常の中で把握できればいいですが、業務に集中して振り返れないことも多いため、評価面談を利用します。

評価面談は基本１対１の話し合いです。つまり、強制的に承認する場が整っています。評価面談

を通して、相手を認め、自覚し、行動を起こす。まさしく評価面談は、人材育成に適した場なのです。

㊹ これからの行動を飛躍的に促す手順

評価面談を通して、行動を促していくためには、面談の回数が重要です。そこで、行動を飛躍的に促す手段として、毎月の面談をおすすめします。ただ、毎月というと、「そこまでやる必要がある?」「何を話せばいいの?」「毎回評価することはできるの?」といった意見も出てくるでしょう。確かに毎回ボリュームのある評価項目をもとに、毎月面談するのは難しいです。なので、あくまで評価項目は最小限に抑えた形で実施しましょう。

そして、面談における趣旨は、「評価すること」ではなく、「コミュニケーション」と「評価者・被評価者双方の成長」です。そのため、「成長面談」といった名称に変更するのもよいでしょう。

評価面談は、毎月10～15分程度での実施を推奨しています。そこでは、まず「被評価者(部下)自身からみてできていたこと」「評価者(上司)から見てできていたこと」を挙げていきます。お互いに「できていたこと」を話し合い、認識のズレを修正し、全体をすり合わせていきましょう。

そして、今度は次月に向けて「被評価者(部下)自身からみた強化点(こうするともっとよくなる点)」「評価者(上司)からみた強化点(こうするともっとよくなる点)」を挙げていきます。これがいわゆる評価目標となるものです(図表6)。

ただし、面談を進めていくにあたって大事なのは、「認めること」です。

【図表６　成長面談で使用する成長シート（例）】

成長シート

所属部署：

氏名：

◎大変できている＝5点　○ややできている＝3点　△ややできていない＝1点×全くできていない＝0点

内容（私たちが目指すモデル行動）	1月		2月		3月		4月		5月		6月		計	
	自己	上司	自己	上司	自己	上司	自己	上司	自己	上司	自己	上司	自己	上司
誰に対しても笑顔で、必ず立ち止まり、目線を合わせ、明るく元気な声で、相手のお名前 を呼び、自ら進んで状況に合わせた挨拶とプラスαの言葉を掛けている。														
分からないことがあればそのままにしないで、何が分からないかポイントを整理した上で相談し、『ここまではできているのですが』と相談の仕方を進歩させ、今後のために相談した内容と解決案をメモし、助言された案を実行に移している。														
ご利用者に対して、挨拶だけではなく、「お元気そうですね」「すてきなお洋服ですね」等、相手の状況に応じて喜んでいただける様な言葉を笑顔で相手の目線で声掛けしている。														
自分の仕事の責任を果たし、さらに、積極的に「私がやります。」「○○しておきました。」と進んで 仕事を行い、活き活きとした空気を創り出している。また、人の仕事に対しても「うまくいってる？」「問題ない？」などと声をかけて、相互の進捗状況を確認し合いながら協力している。														
みんなが楽しく、仕事を進められるように、明るく、元気な大きな声で、「○○時までにやろう！」「大丈夫！」「手伝うよ」と、積極的に職場の雰囲気を盛りたてている。														

	自己記入欄	上司記入欄
1月		
2月		
3月		
4月		
5月		
6月		

評価面談はお互いの成長を促す目的のため、被評価者は業務上の改善点や意見、要望などについてはポイントのみにしておきましょう。

評価者は必要であれば、今回の面談と別の場面で時間を使って対応してください。

評価項目は、毎月実施することを考慮して「5項目」程度に留めます。それ以上になると、評価することに注力してしまい、面談が疎かになってしまいがちです。ある程度、評価すべきポイントを絞り、定期的な見直しも考慮すると、5項目程度が適正です。

毎月面談を行い、同じことを確認していると、当然マンネリ化します。そのため、項目については適宜変更することも視野に入れてください。

また成長をしているのに、項目が変わらないのもおかしな話です。

この場合は、成長と合わせて項目のレベルを上げるなど、項目変更づくりも合わせてやっておきましょう。

㊺ 評価面談の進め方を具体的に決めておくこと

評価面談では、単にコミュニケーションを取ればいいというわけではありません。そこには、構成づくりから意識しておきたいポイントがいくつかあります。

i．前もって面談を行う日時および場所を設定し、被評価者に伝えておく

介護医療現場では、「時間があったら」「スキマ時間に」といって日時を指定せず、いきなり面談をするといったケースが見受けられます。このケースのデメリットは、面談自体に重要性がないと思わせてしまうことです。「別に大した場ではない」と思ってしまうことで、面談に対するモチベーションが低下してしまいます。

改めて、面談を重要視していることを認識させるためにも、しっかりと日時と場所を設定し伝えておきましょう。

ii．本音を引き出すために、場を変えて静かな場所で行う

ご利用者がいるフロアで面談をするのはもってのほか。これも、面談の重要性を低下させてしまう原因になります。面談では本音を引き出すことも重要なので、それに応じた場を設けておきましょ

う。

iii．評価シートや実績、観察記録などの資料を揃えて臨む。

「㊸評価面談は、相手を認める場・納得する場」で書いた通り、面談の最終目的は承認です。そのためには、これまでの実績だけでなく、観察してきたことを予めまとめておきましょう。当日に準備となると、直近での様子でしか伝えることができません。これも、「単に、やっつけで面談をしているな」と思われてしまうので、気を付けておきましょう。

iv．時間を図りながら進める

面談では、伝える内容を重要視しますが、それと同じぐらい大切なのが「時間」です。無限に時間を取って面談をするのではなく、限られた時間の中で承認し、行動を促進させていくことが求められます。時間を計らずそのまま進めてしまうと、結局愚痴で終始したり、何も改善されなかったりと消化不良になります。

始める段階で、「今日は、○○時まで面談をします」と時間を設定し、相手に伝えておくが大切です。それによって、限りある時間を有効に使うことへ意識を向けて、面談を進めることができます。

v．感謝で始まり、感謝で終わる

面談は、場の雰囲気づくりと、終わった後の相手の意識が大事です。始まりは、「面談の時間を取ってもらえたこと」「これまでの頑張り」に対する感謝、終わりには「時間通りに終えたこと」「これからの行動に対する前もっての意味」に対する感謝を伝えることが大切です。感謝は、相手の気持ちを高める効果もあるので意識して伝えておきましょう。

以上からわかる通り、単に面談をやる、単にコミュニケーションを取る、というのはもったいないです。せっかくの時間を有効に活用するためにも、構成づくりも意識した面談を心がけていきましょう。

■「ＯＪＴ」に認めるタイミングをつくる

㊻ 教える側も教わる側も「安心感」を与える

ＯＪＴにおいて大事な観点は、「教える側も教わる側も安心感を与えること」です。教わる側としては、「いつ・どこで・誰に・どうやって教えてもらえるのかがわかる」だけでも安心します。

以前、ある老人保健施設の新人スタッフから相談を受けたことがあります。それは、「昨日Aさんから入浴介助で手順を教わったのですが、今日BさんからAさんとは全く違う手順を教わりました。一体、どちらを信じたらいいのですか？」といった内容です。これは、介護医療現場のあるあるといえます。

ちなみに、この場合新人スタッフはどう判断するかというと、「自分にとって都合のよいほう」「自分が好きなスタッフの言っているほう」を重視しがちです。ただ、必ずしも選んだほうが正しいやり方とは限らないので、改善しなくてはいけません。

こういったケースでは、教え方がバラバラといった問題だけではなく、そもそも教える側が何をどうやって教えたのか、連携を図っていないことも原因の1つです。中には、連携の少なさから、全く同じことを何度も教えてしまい、時間だけが長くなってしまったというケースも存在します。ただ、実際にはAさんもBさんも「果たしてこれでよいのだろうか」と不安を抱いていただけではないでしょうか。つまり、Aさんの教え方を直接目にしていないことで、Bさんが同じ手順や思考のもとで教えることができなかった、というわけです。

こういった事態を防ぐためにも、教える側にも安心感を与える必要があります。くれぐれも「あなたは経験年数が長いから、教えることもできるでしょう」といった理由で、本人の技量任せに指導させないことです。「経験年数＝教え上手」でもなければ、「経験年数＝正しい教え方」とも言い切れません。

ＯＪＴの本来の目的は、正しい考えや手順をどのスタッフでも同じように指導し、学んだスタッフも理解できることです。その趣旨のもと進めていくためには、まずは教える側も教わる側にも「安心感」を与えましょう。

教わる側にとっての安心感は、「いつ・どこで・誰に・どうやって教えてもらえるのかがわかる」ことです。また、教える側にとっての安心感は「今日・私は・誰に・何を・どうやって教えたらいいのかわかる」ことです。お互いが気持ちよくＯＪＴを進めていくためにも、働きやすい職場環境づくりと思って改善していきましょう。

㊼ 5W1Hを網羅したチェックシートの作成方法

教える側も教わる側にも「安心感」を与えるために、欠かせないのが「チェックシート」の存在です。チェックシートを利用すれば、連携が疎かになることで生まれる不安を解消できます。

では、そんなチェックシートはどのように書けばよいのか。チェックシートの基本は「5W1Hを網羅した形」で作成することです。ちなみに5W1Hとは、「誰が」「いつ」「どこで」「何を」「なぜ」「どうやって」といったものです。

チェックシートと聞くと複数の項目をつくらなければ、と考える方も多いですが、至ってシンプルにシートを作成するのがコツです。ただ、ここで指導側が特に悩まれるのが、「どうやって」指導するのかという点。この際、教え方がわからず、結局は自己流でやってしまうと、「本当に私のやり方が正しいのかな」「周りのスタッフと同じやり方になっているのかな」と不安になってしまいます。こうした心持ちで指導すれば、自信のない状態となり、ついつい「たぶん」「きっと」「～だと思う」といった言葉で指導してしまいます。そんな姿を見れば、受け手側も「大丈夫かな」と心配になってしまうのも当然ですよね（図表7）。

マニュアルに沿って教えること

では、「どうやって」を改善するにはどうすればいいのか。ここは、第3章でお伝えした「マニュアル」が有効に働きます。つまり、「マニュアルで記載している内容をそのまま教えてあげたらいい」

【図表7　ＯＪＴチェックシート例】

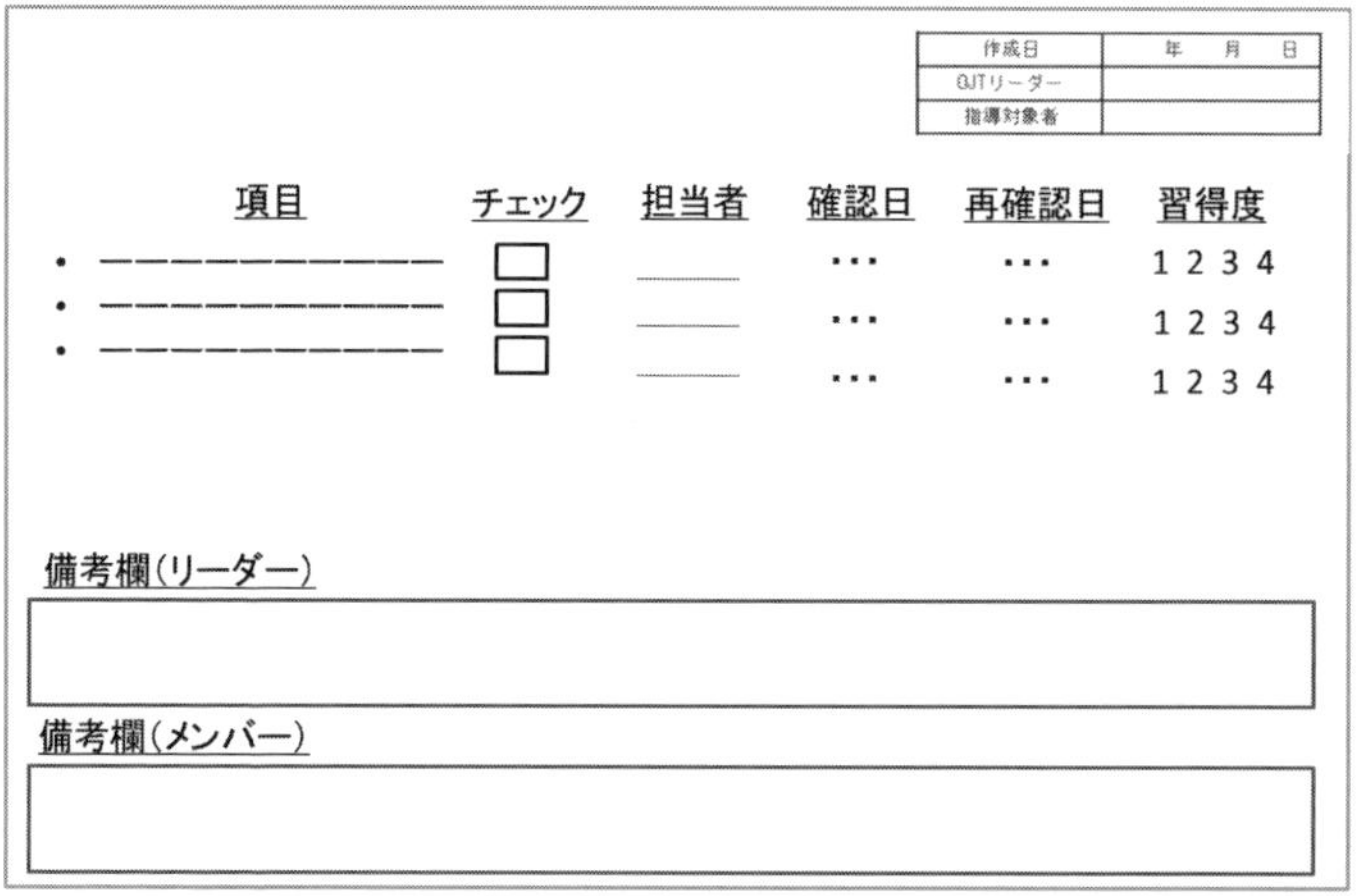

【図表8　マニュアルとＯＪＴチェックシートとの連動】

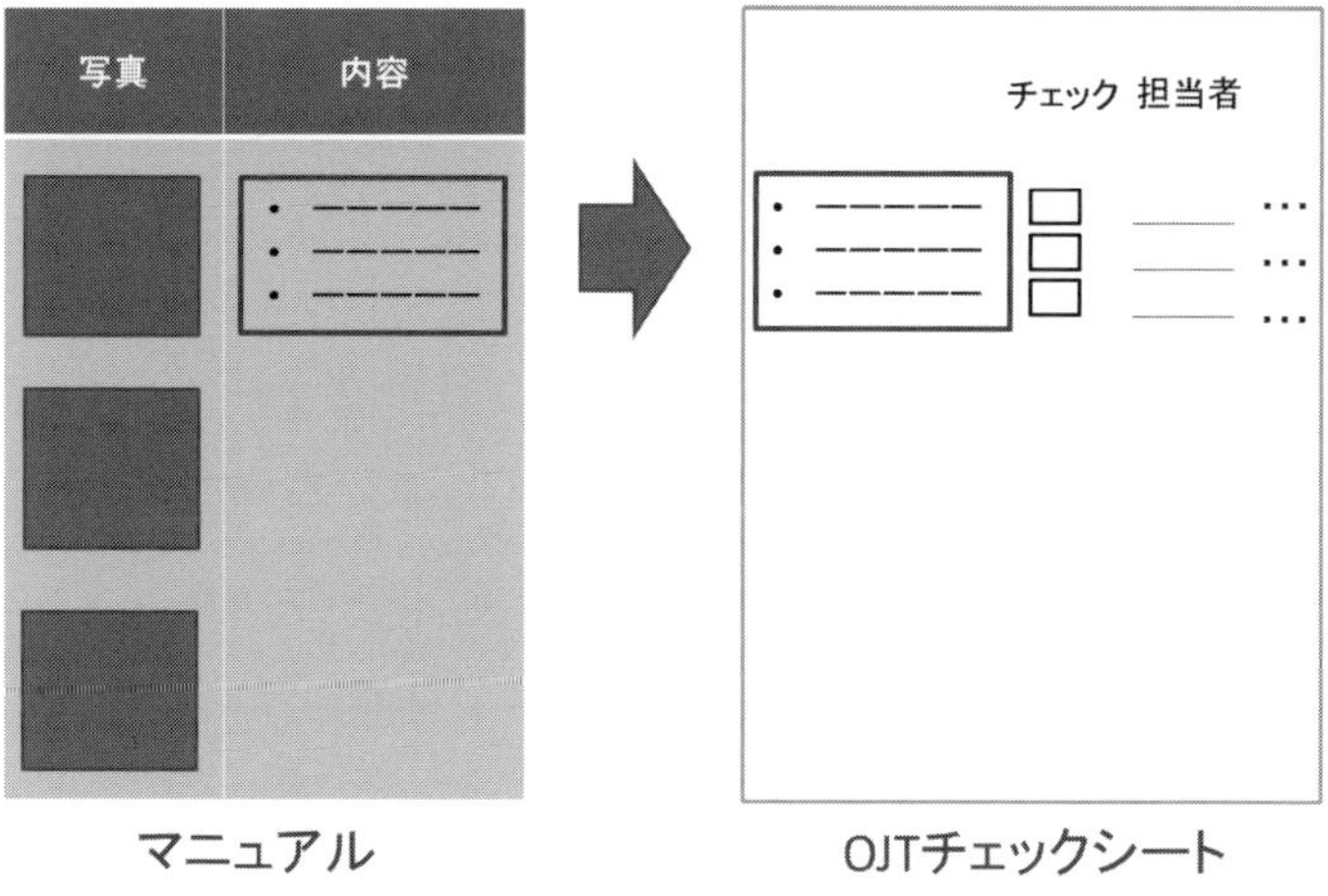

のです（図表8）。

マニュアルは、あくまで基本マニュアルのことで「全員が同じ考え・判断のもと、同じ行動がとれる」ことを目的としています。そこには手順だけではなく、考え方も記載しているので、ＯＪＴを行う際は一緒にマニュアルを見ながら指導しましょう。これから職場環境を改善するためにも、「マニュアル＋ＯＪＴプログラム」のセットで取り組むことが効果的です。

ここまで揃えたら、後は「チェックシートを指導される新人スタッフと一緒に確認し合う」、「チェックシートを指導スタッフ同士で共有する時間を設ける」だけです。口頭で情報連携を図ろうとすると、それだけヌケモレが発生しますし、ニュアンスの問題で誤解を与えてしまう、といったことも起きがちです。マニュアルもＯＪＴプログラムも、チェックシートをつくることで「形」として見られます。少しの手間はかかりますが、形をつくることも大事な視点となるのです。

これまで、人事評価制度を構築し、部下指導に結び付けていく流れをお伝えしてきましたが、人事評価にしてもＯＪＴにしても、人が関わっている以上「絶対的な正解」は存在しません。1つの正解を求めて進めていくと、それだけツール1つとっても「やっぱり使えない」「やるのは意味がない」となって定着しづらくなってしまいます。大事なのは、実践し、ヒヤリングを基に振り返り、そして改善することを繰り返しながら進めていくことです。ＯＪＴプログラムも、マニュアルが変われば、それだけプログラムも変わります。指導するスタッフが変われば、それだけプログラムも変わります。人が関わる以上、変化が起きるのは当然であり、それに合わせて改善していくことも大事です。

第5章 休業等を「取れない」、「取りづらい」などの職場環境改善の秘訣

■休みが取りやすい環境が、働きやすい環境という風潮

スタッフの心境に配慮する

年間万単位のアンケートを定期的に集めてきていますが、そのアンケート結果で、「スタッフが法人に対して望んでいること」のトップ3のなかに、

「休みがしっかり確保できる」

「有給が気軽に取得できる」

があります。年々、給料アップよりも、休み確保の傾向が強く感じています。それだけ休みをもらい、ライフスタイルを充実させたいと思っているスタッフも多いということです。

現状の人員では、なかなか休みを確保できないといった実態かもしれません。ただ、取れるのに取っていない、取れるのに取ってはいけない風潮がある法人も見受けられます。いずれも、職場環境改善によって、現状の人員でも休みを確保し、有給を気軽に取れることも可能です。

介護医療業界だけでなく、日本全体を見ても有給取得率は低いままです。そのため、職場内でも「有給は取ってはいけないもの」「理由もなく有給は取れない」「長期間休みを取るということは、辞めなければいけないこと」などといった考えに至ってしまうケースもあります。

国もこういった現状を打開するために、働き方改革として「年5日の有給休暇義務化」をうたっ

ています。制度が独り歩きをしているため、余計に有給をマイナスイメージにしてしまっているように見えますが、やはり現場スタッフにとっては休みをしっかり確保できる環境も「働きやすい環境」とつながっているのでしょう。

また、有給だけでなく育児休業や休職なども、多くの現場スタッフは「気軽に取れるのだろうか」と不安を抱えています。育児は長期にわたって休むため、取るだけでなく復帰までのサポートが必要です。同じく、メンタルなどで休職することも、いつまで休みが続くのかわからず、復帰することもできるかどうかわからないのが現状です。いずれも、制度づくりだけでなく、スタッフの心境に配慮した行動も求められてきます。

慎重に行動をしつつも、スタッフにとって欠かせない「休み」を最大限考慮した職場環境改善について、これから解説していきます。

■有給を気軽に取れる環境づくり

㊽お互いさま精神のつくり方

有給取得において、周りとの連携は欠かせません。チームで業務にあたっている介護医療現場では、誰かが有給を取れば、その分誰かが補う必要があるからです。

そこで、お互いに気持ちよく有給を取るためにも「お互いさま精神」を持つ工夫が必要です。例えば、「託児所の設置」。一見すると、託児所とは主に母親になるスタッフが利用するものに見えます。そのため、利用しないスタッフからすれば、全く関係のない取組みでは、と思われるのも無理はないです。ただ託児所は、実際に利用するスタッフだけのものとは限りません。託児所の設置によって、「子育てと仕事の両立の大変さを示すメッセージ」を送る意味もあるのです。

有給取得において取得理由はさまざまです。その中でも、「子供が発熱をしてしまって……」や「子供の行事があって……」など、子供が理由で取得される方がいます。その際、子供を持たないスタッフから「何でそんなに取得するんだ」という意見が出てくるかもしれません。それは、「現状を理解する機会がないために起こってしまう感情」です。

そこで託児所を設置すれば、子供と親であるスタッフとのやり取りや関わりを間近で見られるので、育児と仕事を両立する大変さを感じ取れます。もちろん、託児所を単に設けるだけでなく、そこから触れ合える機会をつくったり、情報を共有する場を設けたりする工夫も必要です。

お互いさま精神は、まず相手の状況を確認することから始まります。この際、状況を確認せず、憶測で決めつけてしまうと、不平不満につながります。育児に関する誤解を取り除くためにも、託児所の設置も有効な方法といえるでしょう。

お互いの休暇内容を共有

また、別の視点での「お互いさま精神のつくり方」として、スタッフ同士で「休暇中における過ごし方リスト」を作成・共有する機会を設けることが大切です。「おすすめスポット」や「リフレッシュ方法」などを共有することで、そこに行ってみたい、やってみたいという気持ちを高めさせます。

普段から、有給を取得する機会の少ないスタッフにとっては「ちょっと取ってみようかな」というきっかけになるかもしれません。また、自身のお気に入りを薦めることで、休暇へのハードルを下げる効果もあります。加えて、リフレッシュだけではなく、緊急時や病気での休暇に合わせて、自身の体験談なども共有しておきましょう。こうした体験談により、緊急時や病気などに無理をしてしまうスタッフを減らせます。

いずれも、情報共有し合う環境づくりによって、お互いに有給取得のハードルを下げる効果が期待できます。そして、現場に「お互いさま精神」が生まれるのです。

㊾ ユニークな休暇制度の導入

有給取得がなかなか進まない理由に、「理由なく取るのが億劫」といった声があります。有給取得の背景には、「こんな理由でも取得していいものなのか」や「単に休むのは周りのスタッフからどう見られるのか気になる」といった悩みがあるのです。

こうした悩みを解消するために、「ユニークな休暇制度」を導入し、気軽に有給が取得できる環境をつくってみましょう。例えば、「勝手に記念日有給」という休暇制度。近年、さまざまなライフスタイルが増えています。今まで当たり前だった結婚も、人によってはしなかったり、事実婚を選んだりする方も多いです。そのため、結婚における有給制度があっても、それを活用できないスタッフにとっては使いづらいものになります。

そこで、「勝手に記念日有給」という休暇をつくり、スタッフが勝手に記念日を決められるようにしましょう。こうした有給なら、ライフスタイルによって不公平が出ることなく、スタッフそれぞれが思い入れのある日に取得しようと思います。

また、「リフレッシュ休暇」もおすすめです。これは、長年勤めてくれたスタッフへ充てられる有給制度になります。長く法人のために働いてくれたスタッフを承認し、これから先も活躍してほしいという、メッセージを伝える制度にもなります。介護医療施設で働くスタッフの中には、設立当初から長年勤められたスタッフも多くいるでしょう。どんな方でも、これまで貢献してくれた労をねぎらってもらえる休暇制度は嬉しいものです。

また、「ボランティア休暇」もここのところ注目されている制度です。災害が頻繁に発生している日本において、救援活動をしたいと思うスタッフも多くなってきました。ただ、有給を取得したくても周りのスタッフに迷惑をかけてしまうとか、人事制度に影響を与えてしまうのではないか、といった懸念があり、取得率が低いところも見受けられます。こういった不安を取り除いてあげることも、気軽に有給取得を促す上で重要です。単に制度を導入するだけではなく、そこに「給与や賞与については、不利益な扱いはしない」と明確に伝えることも必要です。

また、ボランティアで経験したことを現場スタッフへ共有する仕組みも制度に取り入れておきましょう。ボランティア活動を通して学んだことは、必ず介護医療現場に活かす場面が出てくると思っています。なので、現地での経験やそこで感じたこと、また我々にもできることを共有する場を設けることで、単に休みをもらってボランティアをした、という休暇制度で終わらせないことが大事です。

気軽に有給を取得するためには、「どんどん休みなさい」というだけでは効果的とはいえません。スタッフの心をくすぐるユニークな制度を導入したり、有給によって経験したものを現場で活かしたりすることで、初めて「有給を取ってみようかな」という気持ちになってもらえます。

㊿ 有給取得促進と人事制度を結び付ける

有給取得のハードルを下げるだけではなく、取得促進に貢献してくれたスタッフに対する評価も大切です。その1つに、「人事評価制度に結び付けていく」ことが挙げられます。

評価制度の評価項目は、通常「スキル項目」「行動項目」を主として構成されています。これは、「㊵介護医療施設ならではの、評価項目のつくり方」でもお伝えしました。そこで、さらに項目を加えるとするなら「貢献項目」がいいでしょう。「有給取得によって空いたシフトに対して、協力してくれた」というのもいわゆる貢献になり、それを評価項目として挙げてみるとよいです。

例えば、Aさんが風邪で急遽有給を取らざるを得なくなり、その分シフト調整が必要になったとします。この際、誰かに代わってもらう、あるいは連続して勤務してもらう、といったことが起きてしまいます。ここでAさんの代わりに入った、または連続勤務したBさんに貢献ポイントを付与するといった形です。

スタッフの中には、見返りが欲しいと考えている方や、何でも引き受けているのに評価されないと思っている方がいるかもしれません。貢献項目は、「公平な評価」や「お互いさま精神」を持ってもらうためにつくっておくことが大事です。例えばリーダーがシフト調整をした結果、長時間勤務をすることになったとしても、リーダー自身に適正な評価ができるため、「リーダーは尻ぬぐいばかりされ、それなのに評価は変わらない」といった風潮をなくせます。また、貢献項目を上手に使えば、「リーダーは負担が大きい割に評価されない」といったスタッフの考えを打破するきっかけになるかもしれません。こういった視点も大事なところですね。

有給取得者の評価を下げないこと

ただし、有給を取得したスタッフの評価を下げることは厳禁です。「有給取得＝避けてほしいこと」という印象を与えてしまうからです。中には、有給取得によって人事制度が影響されて、それによって給与が上がらない、昇格できない、といった考えを持つスタッフも見受けられます。有給に関して誤解を与えてしまうと、それが蔓延して結局「有給を取るのはいけないこと」になってしまいます。

有給を取得するスタッフも、それによって協力してくれたスタッフにも気持ちよく働いてもらうために、不利益な制度にならないよう調整しておくことが大切です。

㊿ 気遣いの一言が、相手を安心させる

有給取得の理由には、リフレッシュもあれば家族の事情などさまざまです。そのなかでも、急遽取得が必要になったことの代表例が「体調不良」です。体調管理も仕事の1つと言われてはいますが、いくら自身で管理していても周りの環境によって体調を崩すこともあります。不測の事態ではあるため、それ故に有給を取得せざるを得ないスタッフの心境を思いやる行動も1つ考えておきたいポイントです。そのポイントとは、「気遣いの一声」です。

「今日体調を崩したので休ませていただきます」と、体調不良により法人へ急遽休みを取る（有給を取得する）一報を連絡します。そして、その日のうちに体調が戻ったとして翌日出勤したとします。そのときのスタッフの心境はどうでしょうか？

「1日休んだから、仕事溜まっているかな」

「みんなに迷惑かけちゃったかな」

そういったネガティブな想いで出社するのではないでしょうか。なので、いざ出社してみんなの前で「おはようございます」と挨拶したときの、みんなの反応が気になると思います。

そのとき、「あっ、おはよう」とそっけない挨拶をしていないでしょうか。挨拶は挨拶でも、相手のことを気遣った一言を付け加えることも、相手に「気にしているよ」というサインを送ることができます。例えば、「おはよう！　体調はどうだ？」これだけでも違っていきます。その一言で「迷惑をかけたかも」という相手の想いを受け止めたという効果にも繋がります。

病み上がりは、どうしても元気一杯という姿勢は取りづらいものです。この一言の気遣いは、大げさではありませんが相手を救うことにもなります。有給を取得させるために制度を導入することも大切ですが、気軽に取れる環境づくりにはお互いの思いやりも必要です。その思いやりとは、盛大にお祝いすることだけでなく、ちょっとした一言でも効果を発揮するものです。誰かが、その習慣を続けていれば、それに合わせて周りも変化していくかもしれません。まずは、「病み上がりのスタッフは、どんな一言があれば気が晴れるかな」という視点を持って接してみましょう。

■育児休業を気軽に取れる環境づくり

㊾ 育児復帰プランの策定方法

産休・育休の背景には、デリケートな問題が多いです。安易な言葉かけや姿勢は、相手に不信感を与えかねないので注意する必要があります。そのため、慎重にしつつも、安心感を与えるような対応を考えなければいけません。そこで、育児休暇を取得するスタッフの思考や状況に応じて、どのような復帰プランを策定するのか。この点について解説していきます。

まず育児復帰するスタッフは、育休前を思い出しながら、仕事に取り組むところからスタートとなります。復帰後にどういった働き方ができるのか、という点で不安を抱えている方が多いです。「体の負担」「ブランクによる戸惑い」はもちろん、「子供の急病」や「保育所への送り迎え」といった不安もあるでしょう。したがって、復帰してからどんなステップで、何から仕事を始めていくのかが重要です。

そのため、出産前にどんなスケジュールで働くのかをまとめた「復帰プログラム」を作成し、仕事と育児のシミュレーションができるようにしましょう。こうした提案は復帰における不安を軽減させる効果があります。また具体的に文章化したものを見ることで、働き方がイメージしやすくなり、安心感を与えることができます。

続いて、産休を迎える前に起こる「産休に入る不安」や、「周りのスタッフへ迷惑をかけないか」といった考えに着目しましょう。こうした不安は育児に専念できない環境を生み出してしまいます。そこで、「大丈夫、安心して育児に専念してね」という安心感を与えるため、「引継ぎの仕方」「育休中に知っておきたい情報や連絡手段」などをプランとして策定してみましょう。

そして、復帰が近づく際は、復帰後の働き方に不安を抱えるケースが多いです。この場合は、「最初の仕事内容」「勤務時間」「緊急時の連携」などをプランとして策定してみましょう。その際、復帰に当たって成長したところをどう活用するのかも、策定プランに入れ込むと効果的です。というのも、産休・育休は「一度現場から離れた」という点において、強みのほうが多いからです。

現場にいると、どうしても目の前の仕事に追われ、周りを見渡す余裕がなくなり、施設内だけでの変化にしか対応できなくなります。一方、育児休暇のように仕事自体から離れることで、他の視点という強みを身に付けられます。

ただし、ブランクがあるため、以前のような動きができるまでに時間が必要です。以前は経験により無意識にできていたことが、今度は意識しないとできなくなります。業務に時間がかかることで自信をなくし、不安を感じながら仕事に取り組んでいては、スムーズに進行できません。自信をなくす、不安を感じる、手が止まる。こうした悪循環によって、さらに時間がかかることもあります。

育児休暇では、約1年の期間が空くわけなので、今のやり方と昔のやり方のギャップが大きいほど、作業が止まってしまうケースが多いです。作業が止まる主な原因としては、「何が正しくて、何が間違っているのか」の把握に時間がかかってしまうことが挙げられます。介護医療現場では、常に技術が変化しており、当時は正解だったやり方がすでに正解ではなくなっていることも多々あります。

このような場合、今のやり方を認め、受け入れる姿勢を持ってもらうことが大事です。ただ、ブランクがあるため、仕事における疲労感を回復するのに時間がかかることもあるでしょう。その際は、十分な休みを取りながら仕事をする必要があります。プライベートを充実させることで、仕事とのメリハリを付けることが理想ですが、まずはブランクにおける心身のギャップを取り戻すために、休む時間を多く持つことが大切です。

さらに、ブランクのあるスタッフには「周りのサポート」も必要になります。以前より勤務しているとはいえ、ブランクがあれば基本スキルも一から確認しなければいけません。経験があるからといって、慣れる前に大量の仕事を押し付けてしまうと、戸惑ってしまいます。こうした事態に備えて、しっかりと周りのサポート体制も整えておきましょう。

育児復帰プランとは、単に復帰までの流れをまとめたものではありません。そこに起きうる不安を解消し、また培った強みをどう活かしていくのかを網羅した「働き方プラン」ともいえます。いずれにしても、貴重な戦力であることを再認識し、迎え入れる環境づくりをする上でプラン策定をしていきましょう。

㊸ 周りの理解と助け合い精神のつくり方

介護医療現場では、妊娠がわかり出産するまでの間、ギリギリまで仕事するスタッフを見受けられます。この場合、法人としてもどこまで働いてもらうのか、どうやって働いてもらうのか、配慮することも必要です。こうした配慮があれば、「気配りのある法人だな」と思わせることができ、育児休業後の復帰に対して安心感を与えられます。

そこで、まず介護医療現場において、配慮が必要な業務を考えてみましょう。よく思いつくのが、排泄介助の中でも「オムツ交換」、トイレ介助の中でも「便座への移乗介助」、入浴介助の中でも「着脱介助」などです。そして、気をつけておきたいのは、極端に配慮しすぎないこと。例えば、排泄介助１つとっても、確かに重労働に値するかもしれません。ただ、介助業務の中には、妊娠中のスタッフでもできるものも存在するはずです。これを、「妊娠中だから排泄介助をすべてやらせないようにしよう」と決めてしまうと、場合によっては「私は必要とされていないのでは」と思わせてしまう危険性があります。

ここでは極端に決めすぎないよう、「㉖ヌケモレをなくすための、業務の洗い出し」に出てきた業務詳細を改めて振り返り、「何ができるのか」を考えてみましょう。ちなみに、妊娠中のスタッフに気を付けていただきたい業務として、「立ち仕事」「力を要する仕事」「無理な姿勢を持続するような仕事」などがあります。

こうした業務は妊娠中の身体に悪影響になることがあり、注意が必要です。ただし、例えば「食事やおやつの準備・配膳・下膳」「フロア見守り」「新規入所者・短期入所者対応」「排泄表・入浴表・食事チェック表・シフト表などの記録物の確認」「業務日報の記載・確認」「申し送りの参加」「受診時の対応および準備」などは負担のかからない業務なので優先的にお願いするのもよいかと思います。

いずれにしても、「妊娠しているから」と配慮することだけでなく、必要なスタッフであることを自覚してもらうために、業務を洗い出した上で業務を担ってもらう環境づくりが大切です。えて して、妊娠によって軽度な業務をしていることで罪悪感を持ってしまったり、周りのスタッフの目が気になるといった声もあります。ただでさえ神経質になっている傾向があるのに、業務中でも神経を使わせてしまっては母体にも影響を与えかねません。耐えかねて出産前に辞めてしまうといった事態を防ぐためにも、助け合い精神を持つ意味でも、お願いする業務の選定は慎重にしておくとよいですね。

㊹ 休業中でも安心していられる、復帰したくなるコツ

休業中のスタッフにとって、「復帰までの間に何が起こったのか」「新しいスタッフはいるのか」「自身の居場所があるのか」など気になるところは多いです。こうした不安が「やっぱり辞めたほうがいいのかな」と思わせてしまう原因にもつながっていきますので、法人としても対応が求められています。そこで、不安を解消するために「復帰したくなるコツ」をいくつか紹介します。

まず、定期的に広報誌や案内等しているなら、それを必ず休業中のスタッフにも送っておくこと。これは、ご利用者や家族向けのものであっても、あえて送っておくとよいでしょう。なぜなら、ご利用者の状況や様子を確認することで、安心感を与えることができるからです。スタッフによっては「あっ、○○さん。元気に過ごしているんだな」と関わっているご利用者の様子を確認することで安心することもあります。

また、ある程度時間が経ってからになりますが、「各種イベントの招待」をするのも有効でしょう。イベントとは「夏祭り」や「クリスマス」など、一般の方でも参加できるものです。休業中の場合、「休んでいるから、いきなり行くのも……」と考えてしまいがちです。そのため、気軽に参加できるイベントには、ぜひ招待してあげましょう。復帰前に参加することで、休業中のスタッフもご利用者の顔やスタッフとの交流を通して、安心感を与えることができるでしょう。

こうした取り組みは、いずれもつながりを持つことで、気軽に帰って来られる雰囲気を与えることが目的です。休業中のスタッフの不安には、「自分が置いてけぼりでは・・・」といった蚊帳の

外にいるような気分になってしまうことがあります。自身が法人の一員であることを自覚させるためにも、法人の情報は随時発信しておくことが大切です。

また、復帰に合わせて休業中のスタッフに「あるお願い」をすることも効果的です。何をお願いするかというと「育児中のことを体験談としてまとめてもらう」ことです。これは、今後育児休暇を取得するスタッフへ向けたものになります。休業中でも、自身が貢献できるものがあると、それだけモチベーションも上がります。休業中は何も変化がないわけではありません。日々いろんな変化が起きているわけで、それは自分以外にとっては貴重な体験であったりします。育児休暇は「周りに迷惑をかけてばかりのものではない、むしろその体験が次につながっていく」ということを強調しておきましょう。

さらに、休業中のスタッフだけではなく、現場スタッフへも定期的に周知しておくことを忘れてはいけません。特に新しく入ったスタッフには、育休中のスタッフのことも紹介しておきましょう。私も特別養護老人ホームへ入社したとき、以前のシフト表にこれまで載っていなかったスタッフ名を見つけて、「誰だろう」と思ったことがあります。同じ仲間であるスタッフの情報を、予め先輩スタッフから教えてもらったことで、いざ復帰した際に初めまして感はなく、気軽に話ができた記憶があります。

このように、復帰後改めて自己紹介をする時間も必要ですが、1人のスタッフであることを周りに再認識させることで、温かく迎え入れる環境づくりができます。

■スタッフが休職にならない環境づくり

㉟　メンタルケアへの心がけ

介護医療現場において、身体的なケアをする取り組みは、多くのところで実践されています。代表的なものでいうと、腰痛防止です。これまで、特に移乗介助によって腰を痛めてしまいヘルニアになってしまったスタッフもよく見てきました。そのため、身体的なケアに対する意識は強く、多くの介護医療現場では取り入れられています。一方、「精神的」なケアをする取り組み。つまり「メンタルケア」はまだまだ少ない印象です。

メンタルケアが普及しない原因は、「精神は目に見えない」「不調かどうかわかりにくい」「そもそもメンタル面の知識がない」などが挙げられます。メンタル面は、発見も対策もしにくいのが特徴です。今では、動画や各種ツールを使って、分析・解析しながら不調かどうかを判別し、対策を練っていけるようになってきました。こういったツール類は活用する前提で、メンタル不調者への見方も今一度考えていただきたいと思っています。

メンタル不調があるスタッフを見ると、人によっては「たるんでいる」「やる気がない」「考えが甘い」といった考えを持ってしまいます。こうなると、スタッフへの対応や話し方もぞんざいになりがちです。経緯はどうであれ、「もうちょっとやれないの？」「これぐらい大丈夫でしょ？」「皆も大変なんだから」など、こういった言葉掛けは何の解決策にもなりません。特に、「みんなも大変なんだから」といってしまうと、本人と周りの基準が違うため、一緒に合わせること自体、困難と言えます。だからこそ、言葉選びは特に慎重になる必要があります。

体調の気遣いの仕方

また、言葉選びと合わせて重要なのが「体調の気遣い」です。体調を気遣うといっても、贔屓に近い対応になれば、それはそれで相手を余計に苦しめてしまうこともあります。ここでは、「体調の気遣い」はあっても、それ以外はできるだけ普段通りに接することが大事だと考えます。それは、相手を調子に乗らせないということではなく、周りのスタッフと対等に扱うことで、余計な不安を抱え込ませない配慮です。

メンタル不調への対応には、一概に正解があるわけではありません。決め事をつくるのも危険です。ただ、法人としてどう接していくことが大事なのか、常に考え、行動することです。ただ、1つ取り決めをしておきたいことがあります。それが「復帰」に向けた支援を慎重に行うことです。メンタルにおいて休息が必要な場合、当然時間をかけて休んでもらうことが大事ですが、復帰の判断も難しいのが現状です。そのため、安易に復帰を認めて、いつも通りに現場へ行かせることはなるべく控えましょう。

ここでも大事なのはやはり「コミュニケーション」です。迷惑をかけているという不安が、復帰を早めようとしたり、余計なストレスを生み出したりします。まずは、大丈夫であること、加えてお互いに慎重に進めていく旨を伝えることです。

また、メンタル予防の一環として、「認知症介護における知識習得」も必要です。メンタル面の病気を抱えてしまう理由として、１つ挙げられるのが認知症介護です。認知症のご利用者への対応は、正解が１つというのは稀です。その時々の状況に応じて、またご利用者の性格や過去の行いなど総合的に見て対応が必要になります。そのため、豊富な経験と知識が伴わないと、対応するスタッフのストレスがかかってしまう業務です。知識不足とスタッフのメンタルが重なってしまうと、最悪虐待といった行為にも発展してしまう危険性もあるわけです。

そのため、しっかりと知識を取得しておくことで、メンタル面に影響することが軽減され、業務の進行が可能です。このように考え方や接し方１つとっても、しっかりと知識を身につけることで、心の余裕も変わっていきます。

㊻ ハラスメント対策とは

スタッフがご利用者やその家族に対してハラスメントをするといった問題がある一方、逆にスタッフがハラスメントを受けて、精神的にも身体的にも苦痛を感じてしまう問題も出ています。それによって、休職や離職といった事態にならないために、法人として環境の整備を行うことは必須であると感じています。ちなみに、このハラスメント対策については、身体的暴力・精神的暴力だけでなく、セクシュアルハラスメントも含まれています。

まず、ハラスメントは、ご利用者や家族等の置かれている環境やこれまでの生活歴、スタッフとご利用者・家族等との相性や関係性の状況など、さまざまな要因が絡み合うことがあります。そのため、一律の方法では適切に対応できないケースも多いです。ただここで大事なのが、ハラスメントが発生した場面、対応経過などについて、「できるだけ正確に事実を捉える」ことです。憶測で判断するのではなく、周りへのヒアリングや過去のデータなど、あくまで「事実」を集めてください。

その上で、法人全体でよく議論し、ケースに沿った対策を立てていくことが重要となります。くれぐれも「ご利用者が第一であり、スタッフは我慢が必要」といった結論に至らないことです。どちらかを贔屓にするというわけではありませんが、事実が示す対策を練る姿勢が重要です。

ある特別養護老人ホームでは、ご利用者からのセクハラ（介助中に女性スタッフのお尻を触る）が判明したことに対して、法人全体で議論しました。その結果、丁重にご利用者や家族に対して、事情説明と注意を行い、再度行った際には退所命令も辞さない強い姿勢を見せていました。当スタッフにも配慮して、配置転換をするといった対応もしました。この行為自体にいろいろな声が出るかと思いますが、スタッフを守るという姿勢によって、職場全体に安心感を与えたのは確かです。

また、ハラスメントはご利用者や家族からだけではなく、スタッフ同士での行為もあり得ます。私自身、社会保険労務士として相談を受けている中で、さまざまな事例を見てきました。その中でも、「そんなつもりじゃなかった」という意識の違いが最も多く見受けられます。こうしたケースの対策としては、継続した認識の機会を設けることです。

代表的な機会は研修になります。人は、一度聞いて理解しても、忘れてしまう生き物です。ハラスメントはその代表で、「ついつい」「気づかないうちに」となってしまいます。だから、ハラスメントにおける内容を理解させるための研修が効果的です。研修には、外部講師を呼んで開催するのもよいですし、事例をまとめたＤＶＤを視聴するといった内容でも構いません。いずれも、定期的に開催し、頻度を多くとっておきましょう。これは同じ研修内容であっても、繰り返し開催することで、スタッフへ強い意志を示す効果があります。

ハラスメント対策には、「相談窓口を設ける」「ハラスメント対策のマニュアルづくり」といった取り組みも効果的ですが、設ける・作成するだけで終わってしまっては、継続した対策とは言い切れません。やはり、ハラスメントは本人の意思が大きく関わってきますので、自覚させるには「伝える回数を増やす」ことが最も効果的です。そして、何より法人が「ハラスメントは組織として許さない」という姿勢を強く持つことが、安心して働ける環境づくりには大切になります。

㊼ 対策から働きやすい環境への結び付け方

メンタルケアやハラスメントなどの対策をもって、働きやすい環境づくりをすることは大切ですが、「対策におけるＰＤＣＡの見える化」も合わせて取り組んでいただきたいです。

対策となると、どうしても「Plan（計画）」「Do（行動）」で終始してしまいがちです。そこに、どういったCheck（課題）が生まれ、それを再度Action（練り直す）のか、がないと継続した対策とは言い切れません。特に介護医療現場は、日々さまざまな出来事が発生し、その都度考え、取り組まなくてはいけない環境におかれています。

その変化を的確に捉えるためには、「⑭アンケートのすすめ」で書いたように、アンケートを実施することも効果のあるやり方です。アンケートは現状分析をするだけではなく、実際の計画から行動までの間で、どのような課題が見つかったのかを網羅的に把握できます。特に、規模の大きい介護医療施設にとっては、1人ひとりを直接ヒアリングして確認することは困難でしょう。定期的なアンケート実施によって、課題や対策における要望の声を収集していくことで、継続した対策を練られます。

この取組みによって、ある社会福祉法人では、シフト勤務における時間帯に応じて業務を振り分け、負担軽減につながったという事例もあります。こうした対策を取ったきっかけは、夜勤業務を多く取っているスタッフほど、身体的にも精神的にも疲弊し、結果的に休職者が増加している事実を確認したことでした。そこで分析してみると、ある夜勤の時間帯に業務が偏っていて、それによって休息時間を確保できず、疲れが取れない状態で勤務してしまっていることが判明したのです。

この対応策として、早番・日勤・遅番などの業務を改めて洗い出し、そこから「夜勤業務の一部を、他の時間帯でも振り分けることが可能かどうか」という議論を積み重ねてきました。その結果、日勤業務の中でスタッフの人員余裕と、業務が少ない時間帯を見つけることができ、そこにこれまでやってきた夜勤業務の一部を振り分けたわけです。

メンタルケアやハラスメントなどは、コミュニケーションや制度によって対策を取ることも必要ですが、日々変化する中で、いかにＰＤＣＡを回す仕組みをつくるかも大事になります。スタッフにとって、随時周りへ周知し、現場の声を収集し続ける行為は、安心感につながります。なぜなら、「法人は一生懸命、我々スタッフのためを思ってくれている」という現れになるからです。

私自身、特別養護老人ホームや訪問入浴会社などで現場スタッフとして勤務していたときのことです。色々なご利用者の要望に応えつつ、法人として目指す取組みを理解するべく行動を起こしていたのですが、それだけ負担も大きく、過労もあってか立つこともままならないときがありました。これまで学生時代含め、活発に部活動をしてきた経験から、体育会気質もあって「少し休めば、また動ける」「あとは気持ちの問題」といった考えでした。ただ、そのときの上司や、法人全体としての対応はどうだったかというと、気遣いだけでなく「業務の負担が大きいときの未然に見つける方法」「万が一の体制づくり」といった仕組みを作っていく流れになったのです。

このとき、私を大事にしてくれているという想いや、それを行動として起こしてくれていることに深く感動したことをよく覚えています。メンタルケアやハラスメント対策というのは、何も規定を明確にしておくことだけではありません。「何とかしよう」という姿勢１つで、相手にも伝わり全体の雰囲気を変えていきます。目に見えないものですが、ＰＤＣＡを回しながらも雰囲気づくりや想いを伝え続けることも働きやすい環境づくりにつながっていきます。

あとがき

私は、これまで介護医療に特化して職場環境改善に向けた支援をしてきました。今回、これまでの経験や実際に取り組んで効果のあった事例をまとめて、介護医療現場に合った「スグに辞めない職場づくり」をお伝えしました。

介護医療業界は、人を相手にするサービス業であり、それと同時にスタッフと密に連携を図って、チームとして業務に取り組むところでもあります。そのため、スグに辞めない職場づくりには、人の心理やチームワークも欠かせないポイントになっていきます。

単に、制度を導入し、清掃をして綺麗な環境にすれば、それで人は辞めないのかというと、そうとは限りません。なぜなら、そこには「人はどんなときに、もっとここで働きたいと思うのか」といった心理を度外視していては、一向に改善することがないからです。実際に、これまで数多くの介護医療施設を訪問し、「ここは、人材定着ができているところだな」と感じさせる施設を直接目にしてきました。そこには、共通点として「スタッフを大事にしている」ということがあります。

ただ、それは単にスタッフの言いなりになるわけではありません。過度に給料を上げたり、休みを多くとらせているわけでもありません。何が大事かというと、「ルールであったり決まりをしっかり定めたうえで、ちょっとした工夫を愚直に実践している」ということです。何のひねりもない回答ですが、それが事実です。

今回は、多くの秘策を伝えてきましたが、いずれもちょっとした工夫であったり、もしかしたら既に実践してきたことかもしれません。ただ、それをどう愚直に実践していくか、がスグに辞めない職場づくりへの大きな分かれ道になります。なぜなら、多くの介護医療施設で人材定着ができているところは、最初から上手く行っていたわけではなく、紆余曲折を繰り返しながら今に至っているからです。なかには、3年間かけて職場を改善し、ようやく法人が生まれ変わったというところもあります。

「いきなりよい職場環境になるわけではありません」

「魔法のように、すぐに生まれ変わることもありません」

「実践しても、始めはもしかしたら上手くいかないかもしれません」

だからこそ、愚直に実践することです。いつになったら成果が表れるのかは、やってみないとわかりませんが、やってみないと成果が出てきません。

そして、その成果をできるだけ早く実感できるためにも、外部の力を活用することも大切です。内部だけでは見れない客観的な視点があると、それだけ課題がわかり効率的な実践も可能です。現場のことは現場スタッフが一番知っています。ただ、それを上手く引き出さない限り、現場の本音が出てきません。この事実を理解して、働きやすい環境づくりを実現できている介護医療施設は、内部と外部を活用しながら継続して改善をしています。

この先、「選ばれる介護医療施設」が生き残っていきます。それは、ご利用者・家族だけではなく、そこで働くスタッフも一緒です。

「人材を人財に」

意識が変わり、スグに辞めない職場づくりに少しでも取り組んでもらうことが何よりもの願いです。

後藤　功太

本書をお読みくださった方に特典プレゼント

本書の内容を実践するための後押しとして、

2020年度に向けて！

スタッフがすぐに辞めない職場づくりに活用できる

「助成金」のご案内！

の解説動画をプレゼントします！

※写真はイメージです。

※動画データをダウンロードしていただけます。

この解説内容は、

- ●人を採用するために活用できる助成金とは？
- ●選ばれる職場づくりで活用できる助成金とは？
- ●人事評価で活用できる助成金とは？
- ●休業等を取りやすくする環境づくりで活用できる助成金とは？
- ●助成金を活用して行動を促進させる秘訣

などなど、社会保険労務士という立場から、今回の内容に結びつく助成金内容を話しています。

ダウンロードは以下のURLにアクセスしてください。

http://gotoh-coach.com/gotoh/tokuten/

著者略歴

後藤　功太（ごとう　こうた）

ふくしえん社労士事務所代表。人材定着コンサルタント。社会保険労務士。

小学３年生の頃から「介護の仕事がしたい」という希望を抱き、日本福祉大学社会福祉学部卒業後、介護施設運営会社に入社。介護スタッフとして従事しながら、職場改革を抜本的に行った結果、離職率を20%から１年で5%に改善。

その後、ふくしえん社労士事務所を設立。介護・医療事業者を中心に採用から育成、定着までの仕組みづくりの一環として、業務改善、人事評価制度構築、マニュアル作成、研修事業を展開。コミュニケーション改善による社員の人間関係構築・離職率を低減、人事評価・労務環境の改善による社員のモチベーションや定着率向上の支援を得意としている。

企業への認知が広がり、企業向けの職場コミュニケーション改善や社員モチベーションアップ、チームマネジメントなどをテーマとした研修・セミナーを北は北海道、南は沖縄まで全国で実施中。現場経験から培った、現場に合った内容と豊富な事例は、「現場ならではの話であっという間の時間だった」「業界特有の課題を見事に捉えている」といった高い評価をいただいている。

著書は、『ダメリーダーでもできた！チームを動かす５つのステップ』（秀和システム）『そのマネジメントでは新入社員はスグに辞めてしまいます！』（アニモ出版）等がある。


ふくしえん社労士事務所ホームページ　http://gotoh-kaigo.com/

介護・医療業界に特化　研修サポートセンター　http://gotoh-coach.com/

介護医療施設でスタッフがスグに辞めない職場づくり57の秘策

2020年2月27日　初版発行

著　者　後藤　功太 ©kouta Goto

発行人　森　忠順

発行所　株式会社 セルバ出版
〒113-0034
東京都文京区湯島１丁目12番６号 高関ビル５B
☎03（5812）1178　FAX 03（5812）1188
https://seluba.co.jp/

発　売　株式会社 創英社／三省堂書店
〒101-0051
東京都千代田区神田神保町１丁目１番地
☎03（3291）2295　FAX 03（3292）7687

印刷・製本　モリモト印刷株式会社

Printed in JAPAN
ISBN978-4-86367-559-9